Trier

Der praktische Reiseführer für Ihren Städtetrip

Impressum

Copyright © 2016 by arp
Ausgabe Januar 2023
Herausgeber by arp, Ledererstraße 12
83224 Grassau, Deutschland
info@by-arp.de
Alle Rechte vorbehalten
Das Werk ist urheberrechtlich geschützt und darf auch auszugsweise nur mit Genehmigung des Herausgebers wiedergegeben werden.
Covergestaltung by arp
Fotos und Text Angeline Bauer
Foto Cover: Palastgarten mit Kurfürstlichem Palais und Konstantinbasilika
Besuchen Sie uns im Internet: www.by-arp.de

Tipp: *Lesen Sie die informativen Artikel am Ende dieses Reiseführers bereits vor Abreise, damit Sie sich auf die örtlichen Gegebenheiten einstellen können und vor unangenehmen Überraschungen sicher sind. Falls Sie mit dem Auto anreisen, finden Sie auch Parkmöglichkeiten im Anhang.*

Vorwort

Dieser Reiseführer ist ein praktischer Begleiter für Ihren Städtetrip. Er ist für Leute konzipiert, die nur einen Tag oder ein Wochenende in Trier bleiben können. In der Auswahl an Sehenswürdigkeiten beschränken wir uns auf das Wesentliche. Der Altstadt-Rundgang, den wir für Sie zusammengestellt haben, bringt Sie in logischer Reihenfolge zu den angesagten Sehenswürdigkeiten. Viele Tipps und die wichtigsten Adressen, Links und Telefonnummern ersparen Ihnen in der Vorbereitungsphase mühevolles Recherchieren. Besondere Museen finden ebenso Erwähnung wie z.B. Parkmöglichkeiten, regionale Spezialitäten, Hinweise für Rollstuhlfahrer, Camper oder Hundebesitzer und mehr. Da sich Preise und Öffnungszeiten von touristischen Einrichtungen jederzeit ändern können, geben wir Links oder Telefonnummern an, damit Sie sich bei Bedarf selbst erkundigen können.

Inhaltsverzeichnis

Wissenswertes

Die Universitätsstadt Trier liegt im Westen von Rheinland-Pfalz an der Mosel und hat knapp 110.000 Einwohner. Im Südosten Triers finden Sie den Hunsrück, im Nordwesten die Eifel, im Südwesten, nur etwa 15 Kilometer entfernt, das Großherzogtum Luxemburg. Bereits seit der Spätantike römisch-katholisch geprägt, war Trier das erste Bistum nördlich der Alpen.

Die Stadt, die als älteste Deutschlands gilt, wurde etwa im Jahr 16 v. Chr. unter dem Namen Augusta Treverorum gegründet, was so viel heißt wie ‚Augustus-Stadt im Land der Treverer'. Unter Kaiser Claudius wurde Trier durch den Zusatz Colonia zur an Rom gebundenen Stadt erhoben und hieß von da an Colonia Augusta Treverorum. Weithin bekannt ist Trier vor allem seiner römischen Baudenkmäler wegen, die seit 1986 zum UNESCO-Weltkulturerbe zählen.

Es lebten und wirkten viele bekannte Persönlichkeiten in Trier, darunter auch der Ökonom, Autor und Politiker Karl Marx, der am 5. Mai 1818 im heutigen

Karl-Marx-Haus geboren wurde, oder der Schlager-
sänger, Moderator und Schauspieler Guildo Horn,
der am 15. Februar 1963 in Trier das Licht der Welt
erblickte.

Geschichte

Es gibt eine Sage, nach der Trebeta, ein Sohn des As-
syrerkönigs Ninus, Trier 1300 Jahre vor der Entste-
hung Roms, also bereits mehr als zweitausend Jahre
vor Christi Geburt, gegründet haben soll. Darauf bezieht sich auch eine Inschrift aus dem Jahr 1684, die
am ‚Roten Haus‘ zu lesen ist, das am Trierer Hauptmarkt steht. Sie lautet: ANTE ROMAM TREVERIS
STETIT ANNIS MILLE TRECENTIS. PERSTET ET
AETERNA PACE FRUATUR - Vor Rom stand Trier tau-
senddreihundert Jahre. Möge es weiter bestehen
und sich ewigen Friedens erfreuen.

Tatsächlich weisen Funde aus der älteren Jungstein-
zeit darauf hin, dass im Trierer Tal bereits im 3. Jahr-
tausend v. Chr. Menschen lebten, von einer städtische Ansiedlung kann zu diesem Zeitpunkt allerdings
noch keine Rede sein. Auch Angehörige des kelti-
schen Stammes der Treverer siedelten im Trierer Tal,
längst bevor die Römer kamen. Eine Stadtgründung

(durch die Römer) ist jedoch erst seit dem Jahre 16 v. Chr. gesichert.

Schon bald nach ihrer Gründung erfuhr die Stadt einen rasanten Aufstieg und entwickelte sich zur Residenz des Prokurators - des kaiserlichen Verwalters, der für die finanziellen Belange der Provinzen Gallia Belgica, Germania inferior und Germania superior verantwortlich war. Etwa in der zweiten Hälfte des dritten Jahrhunderts wurde Trier zudem Bischofssitz und zur kaiserlichen Residenz erhoben.

Im Jahr 275 fielen die Alemannen ein und zerstörten Trier. Erst unter der Herrschaft Konstantins des Großen (306–337) wurde die Stadt, die nun ‚Treveris‘ hieß, wieder aufgebaut. Er ließ u.a. die heutige Konstantinbasilika und die Kaiserthermen errichten – die Porta Nigra stand zu dieser Zeit bereits seit nahezu 150 Jahren. Ihm folgten u.a. Kaiser Konstantin II., Valentinian I., Gratian, Magnus Maximus und Valentinian II.

In den goldenen Zeiten der Stadt lebten zwischen 60.000 und 80.000 Menschen in Trier, die sich zur größten Stadt nördlich der Alpen entwickelt hatte. Im 5. Jahrhundert wurde Trier wiederholt überfallen und von den Franken und den Hunnen eingenommen. In den Jahren 882 und 892 wüteten die Wikinger in der Stadt und zerstörten sie nahezu vollständig - die Einwohnerzahl sank auf nur 5000!

902 ging die Grafengewalt an die Erzbischöfe von Trier über, deren Macht stetig anwuchs. Zwar erhielt die Stadt 1212 einen Freibrief, doch keine hundert Jahre später musste sie die Gerichtsbarkeit des Erzbischofs erneut anerkennen. 1583 scheiterte das Streben nach der Reichsunmittelbarkeit endgültig.

Eines der dunkelsten Kapitel Triers war die Zeit der Hexenverfolgungen. In keiner anderen Umgebung Europas brannten so viele Scheiterhaufen. Im letzten Viertel des 16. Jahrhunderts fanden im Territorium der Reichsabtei St. Maximin rund 400 Menschen auf so grausame Weise den Tod – das entsprach einem Fünftel der Bevölkerung. In einer der Ortschaften im Trierer Umfeld blieb nur eine einzige Frau am Leben. Zu dieser Zeit war ein Jurist Namens Dietrich Flade kurfürstlicher Statthalter und Rektor der Universität Trier. In seiner Funktion als Hexenrichter hatte er zahlreiche Todesurteile verhängt. 1588 geriet er selbst in die Fänge der Hexenjäger und fand am 18. September 1589 auf einem Scheiterhaufen den Tod.

Im Dreißigjährigen Krieg wurde Trier 1634 von den Spaniern und 1645 von den Franzosen erobert. Auch 1673, im Krieg zwischen Ludwig XIV. und den Generalstaaten, mussten sich die Trierer den Franzosen ergeben, und erst zwei Jahre später gelang es ihnen, ihre Stadt wieder zu befreien. Doch die Franzosen kamen zurück und besetzten Trier in den Jahren 1684, 1688, 1702, 1705 und 1794 erneut. Ab 1801 schließlich gehörten die linksrheinischen Gebiete, und damit auch Trier, völkerrechtlich zu Frankreich.

Während der französischen Herrschaft in den napoleonischen Zeiten wurden die meisten der zahlreichen Klöster und Stifte Triers aufgelöst, Klosteranlagen, Kirchen und Kapellen abgerissen. Manche sofort, andere erst später, wenn man Baumaterial brauchte. 1814 schließlich nahmen preußische Truppen Trier ein. Während man sich mit den Franzosen inzwischen arrangiert hatte, waren den tiefkatholischen Trierern die neuen protestantischen Herrscher geradezu verhasst.

Nach dem Ersten Weltkrieg zogen 1918 die preußischen Truppen wieder ab, eine weitere französische Besatzung folgte, die bis 1930 dauerte.

Im zweiten Weltkrieg wurde Trier von amerikanischer Artillerie massiv unter Beschuss genommen, wobei 1600 Häuser völlig zerstört wurden und Hunderte von Menschen den Tod fanden. Obwohl in diesem Krieg viele Brücken gesprengt wurden, blieb die Römerbrücke, die seit fast 2000 Jahren stand, wie durch ein Wunder intakt.

Rundgang

Wir beginnen unseren Rundgang ab Hauptbahnhof / Parkhaus am Hauptbahnhof bzw. Porta Nigra, aber natürlich müssen Sie nicht gezwungenermaßen am Bahnhof anfangen. Sie können bei jeder beliebigen Sehenswürdigkeit in unseren Rundgang einsteigen. Dann suchen Sie im Inhaltsverzeichnis einfach die Sehenswürdigkeit, mit der Sie beginnen wollen, und folgen von da an wie beschrieben unserem Weg. Sind Sie am ‚Ende‘ unseres Rundgangs angelangt, machen Sie einfach am Anfang weiter.

Der von uns vorgeschlagene Rundgang ab Porta Nigra bis Porta Nigra hat eine Wegstrecke von 5 Kilometern. Man würde ohne anzuhalten bei normalem Tempo etwa 75 Minuten gehen. Kehrt man an den Kaiserthermen wieder um und zur Porta Nigra zurück, sind es 3,5 Kilometer – über den ganzen Tag verteilt.

> **Tipp:** *Am Domfreihof kann man sich zwischendurch noch einmal stärken, bevor man sich wieder auf den Weg macht!*

So kommen Sie zur Porta Nigra: *Verlassen Sie den Bahnhof und gehen Sie geradeaus in die Bahnhofstraße. Nach 600 Metern liegt sie links, etwas zurückversetzt.*

Falls Sie mit dem Auto angereist sind und im ‚Parkhaus Ostallee‘ parken, verlassen Sie das Parkhaus, gehen Sie vor auf die Ostallee, dort rechts bis zur Kreuzung, dann links auf die Theodor-Heuss-Allee — das ist die Verlängerung der Bahnhofstraße. Die Porta Nigra liegt nach etwa 400 Metern links, etwas zurückversetzt.

Wie Sie zum Parkhaus oder zum P&R Messepark kommen, steht im Artikel ‚Parken in Trier‘ beschrieben.

Porta Nigra

Die Porta Nigra, seit 1986 Teil des UNESCO-Welterbes und geschütztes Kulturgut nach der Haager Konvention, ist das Wahrzeichen der Stadt. Den Namen - er bedeutet auf lateinisch Schwarzes Tor - erhielt sie erst im Mittelalter. Er leitet sich von der fast schwarzen Färbung des ehemals gelblichgrauen bis roten Kordeler Sandsteins ab, die über die Jahrhunderte hinweg durch Verwitterung entstanden war.

Auch der Name Porta Martis (Tor des Mars) taucht in der mittelalterlichen Literatur immer wieder auf.

Erbaut wurde die Porta Nigra von den Römern unter Kaiser Mark Aurel um 180 nach Christi als nördliches Tor eines Mauerrings. Das Osttor hieß Porta Alba (Weißes Tor), das Südtor Porta Media (Mitteltor) und das Tor an der Römerbrücke Porta Inclyta (Berühmtes Tor). Ging man früher noch davon aus, dass die Stadtmauer Triers mit ihren vier pompösen Toren dem Zweck dienen sollte, die Stadt und den

Norden Galliens gegen germanische Angriffe zu schützen, ist man heute der Ansicht, es sei vor allem ein repräsentatives Bauwerk gewesen.

Die größten der etwa 7200 Steinquader, die in diesem Stadttor verbaut wurden, wiegen an die sechs Tonnen. Bei den eingemeißelten Zeichen auf einigen Steinen handelt es sich vermutlich um Kennzeichnungen der Steinmetze. Aufgrund dieser Produktionsmarken nimmt man an, dass der Bau des Tores etwa zwei bis vier Jahre in Anspruch nahm. Endgültig fertiggestellt wurde die Porta Nigra allerdings nie. Zum Beispiel waren verschließbare Eichentüren geplant, die es nie gab, und einige der Säulen an der Feldseite des Tores blieben unvollendet. Vermutlich war den Römern das Geld ausgegangen.

Dem einstigen römischen Stadttor stand nach seiner Erbauung noch eine wechselvolle Geschichte bevor. So lernte der Trierer Erzbischof Poppo von Babenberg in der französischen Stadt Rouen den Mönch und Einsiedler Simeon kennen, der ihn im Jahr 1028 auf Pilgerfahrt ins Heilige Land begleitete. Als sie zwei Jahre später gemeinsam nach Trier zurückgekehrt waren, ließ sich Simeon am Andreasfest feierlich in den östlichen Turm der Porta Nigra einmauern, um dort als Eremit sein Leben zu fristen. Nach seinem Tod im Jahr 1035 wurde er im Erdgeschoss bestattet, und Erzbischof Poppo erwirkte noch im selben Jahr seine Heiligsprechung.

Nun hatte Trier einen wundertätigen Heiligen. Ihm zu Ehren wurde neben der Porta Nigra das Simeonstift errichtet und das Tor selbst, in dem sich ja das Grabmal Simeons befand, zur Doppelkirche umgebaut. Von da an musste, wer von dieser Seite in die Stadt wollte, das benachbarte und sehr viel kleinere Simeontor benutzen.

Poppo von Babenberg ließ in der Porta Nigra zwei übereinanderliegende Kirchenräume anlegen, von denen der untere als Pfarr- und der obere als Stiftskirche genutzt wurde. Da nur ein Hauptturm geplant war, trug man das Obergeschoß des östlichen Torturms ab und setzte auf den westlichen Torturm den Kirchtum auf. Den Innenhof hat man zugeschüttet und von außen Erdreich so hoch angehäuft, dass die Tordurchfahrten verschwunden waren und man über eine Außentreppe gehen musste, um ins erste Obergeschoss zu gelangen. Die Stiftskirche im zweiten Obergeschoss erreichte man nur über eine Wendeltreppe im Inneren der Pfarrkirche. Der Hofraum wurde zum Mittelschiff, die Galerien zu Seitenschiffen, und die einstigen Turmräume dienten als Vorhalle beziehungsweise als Querhaus. Der Orgelraum der Oberkirche, der sich am Westturm befand, sowie der untere Teil der mittelalterlichen Apsis, die um 1150 unter Erzbischof Albero angebaut worden war und als einziger der mittelalterlichen Anbauten erhalten blieb, sind heute noch zu erkennen.

Im Jahr 1794 wurde die Kirche von französischen Truppen geplündert und teilweise demontiert. Den endgültigen Rückbau der Porta Nigra veranlasste Napoleon 1804 während eines Aufenthaltes in Trier - Kirche und Stift waren bereits zwei Jahre zuvor im Zuge der Säkularisation aufgehoben worden.

In den 1870er Jahren riss man die Stadtmauer und die übrigen Stadttore ab. Die Porta Nigra war damals bereits zum Museum umfunktioniert worden und dient auch heute noch als Informationszentrum zur römischen Geschichte Triers. Am 11. September 1979 wurde das Tor in einer spektakulären Aktion von Atomkraftgegnern besetzt und 1986 schließlich von der UNESCO in die Liste des Welterbes aufgenommen.

Die Porta Nigra gilt heute als das besterhaltene römische Stadttor nördlich der Alpen. Sie kann ab 9 Uhr früh bis in die Nachmittagsstunden hinein besichtigt werden.

So gehen Sie weiter: *Durch die Porta Nigra und sofort rechts. Dort sehen Sie die Touristeninfo. Rechts betritt man das Simeonstift. Auch wenn man nicht ins Museum möchte, lohnt sich ein Blick in den Innenhof!*

> **Tipp**: *Holen Sie sich in der Touristeninfo einen kostenlosen Stadtplan!*

Das Simeonstift

Die vierflügelige Anlage, die einen rechteckigen Innenhof umsteht, zählt zu den bedeutendsten Monumenten frühromanischer Klosterarchitektur Deutschlands. Wie bereits erwähnt, wurde das Kollegialstift (ein Stift für vornehmlich adlige Herren) 1035 durch Erzbischof Poppo von Trier zu Ehren des Heiligen Simeon von Trier errichtet. Aufgrund groß-

zügiger Schenkungen nahm es schon bald eine füh-
rende Position unter den Klöstern Triers ein, das eine
Reihe von Professoren und Weihbischöfen hervor-
brachte.

Nachdem es 1802 aufgehoben wurde, kam es in Privatbesitz. 1888 wurde der Westflügel, in dem sich im
Obergeschoß der Speisesaal und im Erdgeschoß
Wirtschaftsräume befanden, zu Wohnungen umgebaut und dabei der romanische Baubestand weitgehend zerstört. Im Nordflügel, an den sich das heute
nicht mehr vorhandene Kapitelhaus anschloss, befand sich der Schlafsaal. Heute ist dort das Städtische
Museum untergebracht. Der noch im Original erhaltene Südflügel stammt aus dem Jahr 1040, wie man
aufgrund von Balkenproben ("dendrochronologi-
scher Befund") herausfand. Süd- und Ostflügel waren in der Hauptsache gangbare Verbindungsräume.
Auch der zweigeschossige Kreuzgang aus dem 11.
Jahrhundert, der zu den ältesten in Deutschland
zählt, ist Großteils in seiner romanischen Substanz
erhalten. Der Arkadengang im Erdgeschoß war im
Prinzip nur tragendes Element für den darüber lie-
genden Kreuzgang im Obergeschoß. Dass dieser so
hoch gelegt werden musste, erklärt sich aus der Tatsache, dass sich die Stiftskirche im zweiten Stock der

Porta Nigra befand. Seine Außenmauer wurde auf der römische Stadtbefestigung errichtet und diente im unteren Teil weiterhin als Stadtmauer, wovon noch die schießschartenartigen Fensteröffnungen zeugen. Als Trier 1522 durch Franz von Sickingen belagert wurde, vermauerte man auch die Fenster im Obergeschoß zu Schießscharten und brach einen Wehrgang durch das "Dormitorium", wie man den Schlafsaal oder Zellengang in einem Kloster nennt. Erst Mitte des 16. Jahrhunderts hat man wieder Fenster eingesetzt.

Von 1936 bis 1939 wurde die Klosteranlage restauriert und durch Umbauten und Abrisse zerstörte Teile dem ursprünglichen Bild wiederangepasst. An der Nordseite der Anlage hat man die ursprünglichen Mauern durch moderne Arkaden ersetzt und auch die Treppe hinzugefügt. Der Ostflügel ist zu etwa zwei Dritteln in seiner originalen Bausubstanz erhalten, der Westflügel wurde rekonstruiert, der Südgiebel stammt noch aus der Gründungszeit des Stiftes, und auch die Rückwand ist zum großen Teil noch im Original erhalten.

Die Innenräume des Stifts, in dem das Stadtmuseum untergebracht ist, wurden weitgehend modernisiert, nur im Nordflügel sind noch alte Bauteile vorhanden.

Infos zum Stadtmuseum unter: http://www.museum-trier.de/Museum/Besucherinfos/

Auf dem Simeonstiftplatz, der hinter dem Stift liegt, steht seit dem 5. Mai 2018 eine Karl-Marx-Statue aus Bronze. Sie ist 2,3 Tonnen schwer und einschließlich Sockel fünfeinhalb Meter hoch. Das Werk des Bildhauers Wu Weishan ist ein Geschenk der Volksrepublik China zum 200. Geburtstag von Karl Marx.

> **Tipp:** *An der Touristeninfo fahren auch eine Rundfahrtbahn und der Hop-on-hop-off-Bus ab. Da aber die Altstadt zum großen Teil Fußgängerzone ist und die wichtigsten Sehenswürdigkeiten nicht mit dem Bus zu erreichen sind, ersetzt die Bustour nicht unseren Rundgang. Interessant kann sie sein, wenn man den Rundgang mit dem Hop-on-hop-off-Bus kombiniert. Mehr dazu im Artikel Sightseeing.*

So gehen Sie weiter: *Verlassen Sie den Innenhof des Stifts. Mit der Porta Nigra im Rücken gehen Sie geradeaus Richtung Hauptmarkt. Nach 150 Metern sehen Sie links ein imposantes, farbenprächtiges Gebäude. Es ist das*

Dreikönigshaus (auch Dreikönigenhaus)

Als das Haus anno 1230 als Wohnturm errichtet wurde, hieß es "Haus zum Säulchen". Seinen jetzigen Name erhielt es aufgrund eines Gemäldes mit einer Darstellung des Dreikönigsfestes, das einst in diesem Gebäude hing. Ursprünglich lag der Haupteingang im ersten Obergeschoss, rechts außen, wo noch heute eine Tür zu sehen ist. Zu betreten war es über eine Zugtreppe, die nachts oder bei Gefahr eingeholt werden konnte. Die Eingänge im Erdgeschoss stammen aus späterer Zeit.

Der einstige romanische Geschlechterturm wurde im Mittelalter zu einem frühgotischen Wohnhaus umgebaut und auch später mehrmals verändert. Im 19. Jahrhundert hatte er sogar ein Spitzdach. Bei Instandsetzungen im 20. Jahrhundert wurde das Gebäude dem mittelalterlichen Erscheinungsbild weitgehend wieder angeglichen.

Es wird angenommen, dass es in Trier an die zehn solcher wehrhafter Wohntürme gab, die nach den Vorbildern norditalienischer Geschlechtertürme entstanden waren. Zum einen sollten sie ihren reichen und adeligen Besitzern Schutz und Sicherheit bieten, zum anderen ihre Macht demonstrieren.

Heute existieren noch drei dieser Wohntürme. Neben dem Dreikönigshaus, das vermutlich einer Trierer Schöffenfamilie gehörte, blieben der Turm Jerusalem und der Frankenturm erhalten.

So gehen Sie weiter: *Setzen Sie Ihren Weg in Richtung Hauptmarkt fort. Nach 140 Metern sehen Sie rechts drei Fachwerkhäuser – eine Seltenheit in Trier, denn man behielt hier die römische Steinbautradition bei, die sich schon alleine wegen der Verfügbarkeit an großen Mengen antiken Steinmaterials anbot. Durch ein Tor unter diesen Häusern, Judenpforte genannt, gelangt man in die*

Judengasse

Dies war im Mittelalter der Zugang zum jüdische Viertel, in dem rund 300 Menschen jüdischer Abstammung lebten. Es bestand aus etwa 60 Häusern mit Synagoge, Frauensynagoge, einem Frauenbad, einem Gemeindehaus und weiteren jüdischen Einrichtungen und war insgesamt nur 0,7 Hektar groß. Der Zugang konnte durch eine Kette abgeschlossen werden, davon zeugen die Eisenringe, die in die Mauer des Bogens eigebracht sind. Leider ist kaum noch etwas von der mittelalterlichen Bausubstanz erhalten. Eines der Häuser aus damaliger Zeit ist das gotische Haus Judengasse 2, das aus dem 14. Jahrhundert stammt.

Wie häufig waren die Juden auch in Trier Händler und Geldverleiher und hatten als Finanzberater der Kurfürsten einen gewissen Einfluss. Doch Geld und Reichtum führten nicht nur zu Neid, sondern wurden auch mit dem Teufel in Verbindung gebracht. So hat man die Juden immer wieder zum Sündenbock für Leid und Elend gemacht. Sie waren als Gottesmörder, Hostienschänder, Kindesmörder und Wucherer verschrien, wurden mehr und mehr an den Rand der Gesellschaft gedrängt und in abgeschottete Ghettos verbannt.

Mit dem Ausbruch der Pest, die Mitte des 14. Jahrhunderts in Europa wütete und ein Drittel der Bevölkerung dahinraffte, begann eine neue Welle des Judenhasses. Die Krankheit brach 1330 in Zentralasien aus und kam über die damaligen Handelsrouten nach Europa. Wieder einmal schob man den Juden die Schuld am Ausbruch der Seuche zu, und so hat man 1349 auch in Trier im Rahmen der allgemeinen Judenpogrome alle Juden aus der Stadt gejagt.

Heute findet man in der Judengasse vornehmlich Lokale und Kneipen.

So gehen Sie weiter: *Von der Judengasse zurück zum Marktplatz.*

Der Hauptmarkt

Im 10. Jahrhundert wurde der Marktplatz vom Moselufer in den Stadtkern verlegt. Seitdem spielte sich hier das Marktgeschehen Triers ab. Heute wird jedoch nur noch am Samstagvormittag Markt abgehalten. Außerdem findet am Hauptmarkt der Weihnachtsmarkt Triers statt. Das Bild des Platzes, der zu den schönsten Deutschlands gezählt wird, prägen zahlreiche repräsentative Gebäude unterschiedlicher Baustile. Darunter die Hauptwache, das ehemalige Domhotel, das "Rote Haus" und "Die Steipe", ein um 1430 errichtetes Bürgerhaus.

Wir führen Sie nun gegen den Uhrzeigersinn einmal um den Platz und beginnen mit dem Marktkreuz, das auf der rechten Seite des Platzes vor der Steipe steht - dem weißen Eckhaus mit den drei Spitzbogenarkaden.

Das Marktkreuz von Trier

Das Marktkreuz

ist das wahrscheinlich das älteste mittelalterliche Marktkreuz Europas und historisch von großer Bedeutung. Von den wenigen Marktkreuzen die es noch gibt, findet man die meisten in Frankreich.

Im Jahr 958 ließ Erzbischof Heinrich I. dieses Marktkreuz auf dem Hauptmarkt als Hoheitszeichen errichten, wovon noch die lateinische Inschrift zeugt,
die über dem Blattkapitell zu lesen ist: Henricus ar-
chiepiscopus Treverensis me erexit - Der Trierer Erzbischof Heinrich hat mich errichtet. Die antike römische Säule, auf der es befestigt ist, wurde ab 1200
auch als Pranger genutzt. Man kann noch die Löcher
erkennen, an denen Halseisen, Fußfesseln und
Schandstein befestigt waren. Auf der Frontseite des
Marktkreuzes ist ein Abbild des Lamm Gottes mit
Kreuzstab und Siegesbanner zu sehen, an den Seiten
der Hl. Petrus und eine Sonnenuhr. Die Inschrift auf
der Rückseite zeugt davon, dass die Säule anno 1724
renoviert wurde.

Aus Angst vor Vandalismus befindet sich seit 1964
auf der Säule eine Kopie, das Original wird im Städtischen Museum Simeonstift ausgestellt.

Die Steipe

ist das imposante spätgotische Eckhaus hinter dem
Marktkreuz, mit drei Spitzbogenarkaden, deren Säulen in Trierer Mundart Steipen genannt werden. So
kommt das Bauwerk zu seinem Namen. 1430 wurde

mit der Errichtung des viergeschossigen Fest- und Empfangsgebäudes der Trierer Bürgerschaft begonnen. Doch immer wieder ließ man Umbauten vornehmen, und so wurde die Steipe, die bis ins 18. Jahrhundert auch als Rathaus diente und das Selbstbewusstsein der Trierer Bürgerschaft gegenüber ihrem Bischof und Kurfürsten demonstrieren sollte, erst 53 Jahre später endgültig fertiggestellt.

Die Arkaden sind mit krabbenbesetzten Kielbögen verziert. An den Seiten und zwischen den Spitzbögen sieht man Statuen der Trierer Stadtpatrone Petrus, Eucharius, Helena, Paulus und Jacobus. Darüber stehen auf Sockeln zwei gepanzerte Ritter, die über den Marktplatz wachen. Außergewöhnlich sind das sehr steile Walmdach über einem Zinnenkranz und auch die Fensteröffnungen, die in jedem Stockwerk unterschiedliche Formen aufweisen.

1944 fielen die Steipe und das Rote Haus (Nachbarhaus hinter der Steipe) dem Bombenhagel im 2. Weltkrieg zum Opfer. Beide Gebäude wurden nach langen Debatten in den Jahren 1968 bis 1970 nach alten Plänen und Fotografien wiederaufgebaut. Heute sind in der Steipe das Spielzeugmuseum von Trier und ein Café untergebracht.

So gehen Sie weiter: *An der Steipe vorbei, rechts ums Eck.*

Rotes Haus

Das ‚Rote Haus‘, das seinen Namen dem Farbton verdankt, mit dem die Fassade gestrichen ist, steht gleich neben der Steipe. Es wurde 1683 im Auftrag des Bäckers und Domsekretärs Johann Wilhelm Polch errichtet. Nachdem es nach dem Zweiten Weltkrieg zusammen mit der Steipe zerbombt lag, hat man es in den 1960er Jahren wiederaufgebaut. Die aufwendig dekorierte Front mit dem imposanten Portal und den vielen Fenstern ist vor allem wegen der lateinischen Inschrift berühmt, die über den Fenstern des ersten Stocks zu lesen ist. Übersetzt steht da: Eher als Rom stand Trier eintausend und dreihundert Jahre; möge es weiterbestehen und sich ewigen Friedens erfreuen, Amen. Der Spruch bezieht sich auf eine Legende zur Stadtgründung durch einen trojanischen Fürstensohn. Im zweiten Stock steht in einer Nische eine Statue des Heiligen Antonius von Padua.

So gehen Sie weiter: *Zurück auf den Platz. Rechts, nach dem schmalen gelben Fachwerkhaus, sehen Sie* *ein Barocktor, durch das Sie zum Vorplatz der Kirche St. Gangolf gelangen.*

Stadtpfarrkirche St. Gangolf

ist nach dem Dom die zweitälteste Kirche Triers. Das Gebäude selbst ist vom Marktplatz aus nicht zu sehen, nur Dach und Turm ragen hinter Bürgerhäusern hervor.

Das imposante Portal, durch das man gehen muss, um zur Kirche zu gelangen, wurde 1731 erbaut. Über dem Torbogen ist von Engeln umgeben der Patron der Kirche, der merowingische Heilige und Kriegsmann Gangolf, mit Schild und Speer zu sehen. Die lateinische Inschrift, die unter einer Palmenkrone auf einem Schild zu lesen ist, lautet: Beschützer und Patron dieses Tempels ist der Heilige Gangolf.

Die vier unteren Geschosse des Hauptturms stammen aus dem frühen 14., die beiden oberen und der Turmspitzhelm aus dem frühen 16. Jahrhundert. Die Vollendung der Kirche und des Turmes mit seiner gotischen Maßwerkbrüstung und den vier Ecktürmchen wurde erst durch eine Stiftung zweier Witwen im Jahre 1507 ermöglicht. Nach seiner Fertigstellung überragte er, sehr zum Ärger des Erzbischofs von Trier, die Domtürme. Das änderte sich wieder, als auch der Südwestturm des Doms im Jahr 1511 erhöht wurde. Damit war die Rangordnung wiederhergestellt.

Die beiden frühgotischen Maßwerkfenster an der Nordwand (Seite zur Porta Nigra hin) stammen noch aus der Vorgängerkirche (13. Jahrhundert).

Im Inneren sieht man im Hauptschiff ein Kreuzrippengewölbe, das aus dem 15. Jahrhundert stammt. Die Rokokostuckdecke der Seitenschiffe wurde 1746 von Michael Eytel gestaltet. Das Wandgemälde, das die Innenwand des Chores schmückt, ist ein Werk von August Gustav Lasinsky und stammt aus dem 19. Jahrhundert. Im oberen Teil sieht man Christus zwischen Maria und Josef, im unteren die Heiligen Gangolf und Sebastian. Die Orgel auf der Westempore ist ein modernes Instrument. Es ersetzt die Vorgängerorgel von 1898, die 1944 völlig zerstört wurde. Die Glasfenster aus dem Jahr 1966 wurden von Charles Crodel geschaffen.

Obwohl im Zuge der Säkularisation zu Beginn des 19. Jahrhundert viele Kunstwerke aus dem Kirchenbesitz veräußert wurden, finden sich in St. Gangolf noch einige bedeutende Stücke, darunter ein Altar in einer Seitenkapelle von Peter von Wederath aus dem Jahre 1467, geschnitzte Bildnisse der Heiligen Michael, Andreas, Katharina und Barbara, die unter Baldachinen stehen, eine Anna Selbdritt aus dem 15. Jahrhundert, das Triumphkreuz über dem Hochaltar, eine Grablegung aus dem 15. Jahrhundert mit 10 Figuren und vor allem das bronzene Taufbecken am

Westende des Seitenschiffs aus dem 12. Jahrhundert.

Im Seitenschiff findet man einen steinernen Altaraufsatz von Hans Ruprecht Hoffmann aus dem frühen 17. Jahrhundert mit Nischenfiguren und Reliefs. Er hat die Form eines Triumphbogens mit drei Toren. Das Relief im mittleren Feld, das eine Muttergottes zeigt, stammt von 1955. Auf einer Eichentür ist die Geschichte der Kirche festgehalten.

So gehen Sie weiter: *Zurück zum Hauptmarkt, dort rechts und am roten Eckhaus wieder rechts in die Grabenstraße. Nach wenigen Schritten stehen Sie vor dem Chor bzw. vor der Ostwand von St. Gangolf.*

Die kleinen Souvenirläden, die Sie dort sehen, heißen in trierischer Mundart ‚Gädemcher‘. Solche Verkaufsstände, die man früher oft an Kirchen fand, sind an der Gangolfkirche bereits im 14. Jahrhundert bezeugt. Darüber ist eine Kreuzigungsgruppe aus dem 14. Jahrhundert angebracht. Außerdem sieht man hier den Nachbau von einem der drei mittelalterlichen Pranger, die es in Trier gab.

So gehen Sie weiter: *Zurück zum Hauptmarkt. Direkt vor sich sehen Sie einen Brunnen. Es ist der*

Petrusbrunnen

Er wurde in den Jahren 1594 und 95 von Ruprecht Hoffmann geschaffen. Auf dem achteckigen Becken sind die vier Kardinaltugenden mit ihren Attributen angeordnet.

•Justitia - die Gerechtigkeit, mit Schwert und Waage
•Fortitudo - die Stärke, mit einer zerbrochenen Säule
•Temperantia - die Mäßigung, mit Wein und Wasser und
•Sapientia - die Weisheit, mit Spiegel und Schlange.

Dazwischen befinden sich neben verschiedenen Dekorelementen auch allerhand Tiere und Figuren sowie das Stadtwappen.

Auf seiner Spitze sieht man den Heiligen Petrus, der Stadtpatrons Triers, der dem Brunnen auch seinen Namen gab. Zu Beginn des jährlichen Altstadtfestes bekommt er einen Blumenstrauß angesteckt, mit der Bitte, an den Feiertagen für schönes Wetter zu sorgen.

Zu Zeiten, als der Brunnen noch der Wasserversorgung diente, wurde er aus dem sogenannten Herrenbrünnchen gespeist. Seit Trier eine zentrale Wasserversorgung erhalten hat, dient er nur noch als Zierbrunnen.

So gehen Sie weiter: *Am Brunnen vorbei bis zur Abzweigung Sternstraße. Das linke Eckhaus mit den drei Arkaden ist die ‚Alte Hauptwache'.*

Alte Hauptwache und Palais Walderdorff

Die Hauptwache ist Teil des Palais Walderdorff, das zwischen Domplatz und Marktplatz liegt. Der Trierer Kurfürst Johann Philipp von Walderdorff, nach dem das Palais benannt ist, legte 1765 für den als Dompropstei konzipierten Bau den Grundstein. Doch mit der französischen Revolution veränderte sich die damalige Welt grundlegend. Zwischen 1794 und 1814, also etwa 20 Jahre lang, herrschten die Franzosen an Rhein, Saar und Mosel, und Trier gehörte zu einem der vier linksrheinischen Départements. Die Franzosen brauchten eine Präfektur und richteten diese 1794 im Palais Walderdorff ein. Als ab 1815 die Preußen in Trier das Sagen hatten, machten auch sie das Palais zu ihrem Hauptquartier.

Das Gebäude, das um die Jahrtausendwende generalsaniert wurde, fand im Laufe seiner Geschichte unter anderem als Volkshochschule, Galerie, Standesamt, Seniorenbüro, Jugendtreff oder Vinothek Verwendung. Heute ist hier die Stadtbücherei von Trier. Vorderfront und Eingang liegen auf dem Domfreihof, zu dem wir später kommen.

Das jüngste Gebäude dieses Komplexes ist die Hauptwache. Das Barockgebäude wurde 1774-1776 an einer damals schon geschichtsträchtigen Stelle errichtet. Denn hier befanden sich der mittelalterliche Dingstuhl (Gerichtsgebäude), ab Mitte des 14. Jh. die kurfürstliche Münze, schließlich diente das Vorgängergebäude als Zunfthaus der Pelzhändler und ab 1667 als Wache. 1774 wurde es abgebrochen durch den heutigen barocken Eckbau ersetzt.

Über dem mittleren Bogen sieht man eine Rokoko-Kartusche mit einem Wappen des Clemens Wenzeslaus von Sachsen, letzter Kurfürst und Erzbischof von Trier. Das Wappen ist eine Rekonstruktion, denn das Original wurde 1798 von den französischen Revolutionstruppen zerstört.

Neben der äußeren linken Arkade ist eine Gedenkplatte für die Mundartdichterin Cläre Prem angebracht. Für ihre Verdienste um die Pflege und Erhaltung der Trierer Art und Sprache erhielt sie 1960 das Ehrensiegel der Stadt Trier. Außerdem wurde in Trier eine Straße nach ihr benannt.

So gehen Sie weiter: *Vom Hauptmarkt in die Sternstraße – dabei lassen Sie die Hauptwache links liegen. Am Ende des Palais Walderdorff öffnet sich der*

Domfreihof

Dieser Platz war einst Mittelpunkt der sogenannten Domfreiheit, mancherorts auch Domimmunität genannt. So bezeichnete man im Mittelalter die unmittelbare Umgebung rund um einen Dom und den Bischofssitz. Dieses Gebiet war vom öffentlichen Gericht ausgenommen und unterstand ausschließlich dem Gericht des Dompropstes. Das Gebiet, das sich in Trier zwischen dem Gässchen ‚Sieh um Dich‘, der Palaststraße und der Sichelstraße befand, war ab dem Jahr 1000 von einer Mauer umgeben. Von 1801 bis 1804 hieß der Platz ‚Place d'Ormecheville‘, so benannt nach dem 1. Präfekten des Saardepartements.

Ab 1804 bis 1812 trug er den Namen ‚Place de Napoleon‘, seit 1812 wird er wieder Domfreiheit genannt.

Von Platanen gesäumt, zählt er zu den schönsten Plätze Triers. Die Stadtpaläste und Domkurien, der mächtige Dom und die angrenzende Liebfrauenkirche bieten eine beeindruckende Kulisse für die Besucher der Straßencafés, Weinstuben, Restaurants und Bars, die sich hier angesiedelt haben.

Seit dem Mittelalter liegt vor dem rechten Portal des Doms der sogenannte Domstein. Einer Sage nach wollten Kaiser Konstantin und seine Mutter Helena für Trier einen prächtigen Dom bauen lassen. Dazu waren jedoch viele schwere Steine und Säulen nötig und man wusste nicht, woher man sie nehmen sollte. Da hatten die Baumeister eine Idee, wie sie den Teufel mit einer List dazu bringen konnten, ihnen zu helfen. Sie machten ihn glauben, sie wollten ein großes Tanzhaus bauen. Das ließ der Höllenfürst sich nicht zwei Mal sagen, denn ein Tanzhaus würde ihm viele sündige Seelen einbringen. Tagelang schleppte er Säulen und Steine heran. Doch als er auf der letzten schweren Säule durch die Luft gen Trier ritt, hörte er ein wunderbares Glockengeläut. Da begriff er, dass er hintergangen worden war und man in dem Gotteshaus bereits die erste Heilige Messe feierte. Wütend schleuderte er die Säule auf den Dom. Doch Engel fingen sie auf, bevor sie das Kirchendach zerschmettern konnte, und legten sie behutsam an der Stelle nieder, wo sie noch heute zu sehen ist.

In Wirklichkeit wurden einige der Säulen der Nordbasilika des Doms, die aus Odenwälder Granit bestanden, im 6. Jahrhundert bei einem Brand beschädigt und mussten durch neue ersetzt werden. Dabei blieb diese Säule liegen und wurde nie weggeräumt.

Der Grundriss einer Taufkapelle (Baptisterium), die sich hier einst befand, ist im Pflaster des Domfreihofs mithilfe von Eisenplatten markiert. Sie gehörte zu einer Kirchenanlage aus dem 4. Jahrhundert, die teilweise in den Dom integriert wurde.

Seit 1999 wird auf dem Domfreihof und dem angrenzenden Hauptmarkt der Weihnachtsmarkt abgehalten.

Unter dem Gebäude der Dom-Information (Liebfrauenstraße 12) können Reste der ersten Basilika aus dem späten 3. Jahrhundert besichtigt werden.

Der Dom

bzw. die ‚Hohe Domkirche St. Peter zu Trier', wie der offizielle Name lautet, ist die Mutterkirche des Bistums Trier und die älteste Bischofskirche Deutschlands. Er wurde 1986 zusammen mit der ihm angeschlossenen Liebfrauenkirche zum UNESCO-Welterbe Römischer Baudenkmäler erklärt. Beide Bauwerke zählen außerdem zu den geschützten Kulturgütern nach der Haager Konvention.

Blick auf Liebfrauenkirche mit Domturm im Hintergrund

Seine Geschichte

In den Jahren 310 bis 320 ließ Kaiser Konstantin der Große, der das Christentum propagierte und zur wichtigsten Religion im Imperium Romanum werden ließ, im Zentrum der damaligen Siedlung eine erste noch bescheidene Basilika errichten, die jedoch bald schon zu einer der größten Kirchenanlagen Europas erweitert wurde. Dem neuen Christustempel, der aus vier Basiliken bestand, die durch eine Taufkapelle miteinander verbunden waren, musste eine konstantinische Palastanlage aus dem 2. und 3. Jahrhundert weichen. Bei Grabungen fand man Reste dieser Gebäude, darunter einen reich mit Wand- und Deckenmalereien verzierten Prunksaal, dessen rekonstruierte Fresken im Museum am Dom ausgestellt werden.

Diese Kirchenanlage aus dem 4. Jahrhundert wurde im 5. Jahrhundert von den Franken zerstört, die mehrmals ins gallo-römische Gebiet vorstießen und dabei Trier eroberten. Daraufhin hat man den noch existierenden Quadratbau, der im heutigen Kirchenzentrum liegt, und die nördliche Basilika wieder aufgebaut. Doch 882 fielen die Wikinger über Trier her und zerstörten den Dom ein zweites Mal.

Von 977 bis 993 war Egbert, Graf von Holland, Erzbischof von Trier. Er ließ den Dom grundlegend neugestalten. Weitere Umgestaltungen fanden 1121 und im ausgehenden Mittelalter statt. Die beiden Osttürme wurden 1350 von Erzbischof Balduin von Luxemburg in Auftrag gegeben. Als nach Fertigstellung von St. Gangolf deren Turm mit 62 Metern die Domtürme überragte, ließ Erzbischof Richard von Greiffenklau zu Vollrads Anfang des 16. Jahrhunderts den Südwestturm des Doms so weit aufstocken, dass er wieder der höchste Turm Triers war.

Nachdem am 17. August 1717 der Dachstuhl des Doms in Brand geraten war und erneuert werden musste, nahm man dies zum Anlass, den Kirchenkomplex ein weiteres Mal umzugestalten. Dies geschah in den Jahren 1719 bis 1723 unter Leitung des Hofbaumeisters Johann Georg Judas. Dabei erhielt der Dom ein Querhaus, und die Osttürme wurden mit barocken Hauben versehen. Diese hat man allerdings bereits 1883 wieder entfernt und durch neugotische Hauben ersetzt, um das Erscheinungsbildes des Domes dem der mittelalterlichen Anlage wieder anzunähern.

Im Zweiten Weltkrieg wurden vor allem große Teile des Kreuzganges, das Dach und das Gewölbe der Heiltumskapelle sowie die Dächer der Westtürme schwer beschädigt. Die Gewölbe des Domes blieben erhalten, die Altäre hatte man vorsorglich ummauert und den Trierer Domschatz im Hainer Stollen in Siegen aufbewahrt.

Ende der 1950er Jahre wurden statische Probleme an der gesamten Kirchenanlage offenkundig. Durch Senkung des Grundwasserspiegels waren Eichenpfähle der Pfahlgründung des Quadratbaus aus dem 4. Jahrhundert verfault. Doch auch die zahlreichen Um- und Anbauten, die über die Jahrhunderte hinweg vorgenommen worden waren, haben dem Gebäudekomplex zugesetzt. Unter der Leitung der Architekten Gottfried Böhm und Nikolaus Rosiny wurde der Dom deshalb umfassend restauriert und am 1. Mai 1974 wiedereröffnet. Dabei war die Stabilisierung des gesamten Gebäudes durch ein kompliziertes System von stählernen Zug- und Druckelementen, die der Optik wegen weitgehend unsichtbar bleiben sollten, eine große technische Herausforderung.

Der Dom verfügt über einige bedeutende Reliquien. Neben dem Heiligen Rock', der in der Heiltumskapelle aufbewahrt wird, gehören zum Domschatz auch das Schweißtuch der Veronika, der Leichnam des Apostels Matthias, ein Zahn des Heiligen Petrus, der Heiligen Nagel vom Kreuz Christi und die Sandale des Heiligen Andreas.

Das Bauwerk

Der Dom besteht aus Kordeler Sandstein. Bei einer Länge von 112,5 Metern und eine Breite von 41 Metern bietet er rund 1.200 Menschen Platz.

Das muschelförmige Marmorbecken im Westchor (gleich beim Eingang), das heute als Taufbecken dient, wurde von Wolfgang Frölicher, dem Baumeister der Heiltumskammer, gestaltet. Ursprünglich stand auf dem Becken eine Christusfigur, aus deren Wundmalen rotgefärbtes Wasser als Symbol für Blut in das Becken floss. Einen solchen ‚Schmerzensmann', der mit seinem Blut einen Brunnen speiste, damit Seelen darin ihre Reinigung erfahren konnten, nannte man „Fons Pietatis".

Viele der zahlreichen Grabmäler ehemaliger Erzbischöfe von Trier, die sich im Dom befinden, sind Grabaltäre, dienten also zugleich als Seitenaltäre. Die Domkanzel ist ein Werk des Trierer Bildhauers Hans Ruprecht Hoffmann.

Im Fuß der Schwalbennestorgel, die aus dem letzten Jahrhundert stammt, findet man ein doppeldeutiges Bildnis. Vordergründig sieht man in der Darstellung den Hirtengott Pan, der, als Erfinders der Panflöte, im weitesten Sinne auch als Erfinder der Orgel gilt. Wegen seiner Hörner kann man in ihm aber auch den Teufel sehen, dem es jedoch auf seinen fünf verstimmten Pfeifen niemals gelingen wird, ansprechend zu musizieren.

Der Aufbau im Ostchor (gegenüber dem Eingang) mit einer Pilgertreppe, über die man zur Heiltumskapelle kommt, stammt von Johann Wolfgang Frölicher. Man kann die Heiltumskammer allerdings nicht betreten, lediglich hineinsehen. Die Statuen links und rechts des Treppenaufgangs stellen Kaiser Konstantin und seine Mutter, die Hl. Helena, dar. Wie eine Legende erzählt, reiste sie, bereits hochbetagt, nach Palästina und trug dort zur Auffindung des Grabes Christi bei. Helena veranlasste, wie es weiter

heißt, die Reste des Kreuzes Christi zu bergen, beließ
ein Drittel davon in Jerusalem, sandte ein Drittel zu
ihrem Sohn nach Konstantinopel und nahm ein Drittel mit nach Rom. Über dem Grab und der Kreuzauf-
findungsstelle ließen sie und Konstantin nachfolgend
eine Basilika errichten, die sogenannte Grabeskir-
che.

Auch den ‚Heiligen Rock', der zu seltenen Anlässen
in der Heiltumskammer ausgestellt wird, soll sie
nach Trier gebracht haben. Dabei handelt es sich um
ein Fragment der Tunika Jesu Christi, die nach dessen Kreuzigung in vier Teile zerschnitten und unter
den römischen Soldaten verteilt wurde. Nur das Un-
tergewand (Leibrock) sei laut Johannesevangelium
einem der Soldaten als Ganzes zugelost worden, da
es "unnähtig", also ohne Naht in einem Stück gewebt
war.

Das Stuckrelief in der Marienkapelle (rechts neben
dem Ostchor), auf dem drei Szenen der Menschwer-
dung Jesu dargestellt werden, entstand vermutlich
nach dem Brand Anfang des 18. Jahrhunderts.

Das romanische Sandsteinrelief (Tympanum) am
Portal, das den Dom mit der Liebfrauenbasilika ver-

bindet, stammt aus der Zeit um 1180 und ist das älteste erhaltene Bildnis im Trierer Dom. Es zeigt in der Mitte den thronenden Christus, links Maria, die Patronin der Liebfrauenkirche, und rechts Petrus, den Patron des Domes.

Zu den schönsten Plätzen im Domkomplex gehört der gotische Kreuzgang. Er entstand in den Jahren von 1245 bis 1270, umschloss den Friedhof der Domkapitulare und diente als Verbindung vom Dom zur angrenzenden Liebfrauenkirche. Im Westen schließt die einstige Petruskapelle und heutige Weihbischofskapelle an den Kreuzgang an. Das Antependium (Vorhang vor dem Altarunterbau) in der Weihbischofskapelle ist eine der Reliquien des Domes - das ‚Schweißtuch der Veronika‘ mit dem Antlitz Christi. Der Überlieferung nach reichte Veronika Jesus auf dem Weg nach Golgota ihr Tuch, damit er sich Schweiß und Blut aus dem Gesicht wischen konnte. Dabei soll sich auf wunderbare Weise sein Antlitz auf dem Schweißtuch eingeprägt haben.

An der nördlichen Außenwand der Kapelle hängt eine Glocke, die nur angeschlagen wird, wenn ein Domherr oder Weihbischof beerdigt wird.

Innenansicht vom Dom

So gehen Sie weiter: *Die Liebfrauenkirche schließt an den Dom an. Man kann sie aus dem Inneren des Doms durch einen Übergang an der Südseite betreten.*

Liebfrauenkirche

Im Jahr 1986 wurde die Kirche zusammen mit dem Trierer Dom und den römischen Kulturdenkmälern von Trier und Umgebung von der UNESCO in die Liste des Welterbes aufgenommen.

Nachdem ihre antike Vorgängerkirche aus der Zeit Kaiser Konstantins des Großen zu Beginn des 14. Jahrhunderts abgebrochen werden musste, weil sie nach tausendjährigem Bestehen baufällig geworden war, ließ Erzbischof Theoderich von Wied an selber Stelle, zum Teil sogar auf den alten Fundamenten, eine neue Kirche errichten. Im Unterschied zum Dom, einem klassischen Längsbau, ist die Liebfrauenkirche ein Zentralbau, dessen Hauptachsen immer gleich lang sind oder nur geringfügig differieren. Andere Zentralbauten sind zum Beispiel das Pantheon in Rom, der Felsendom in Jerusalem oder die Frauenkirche in Dresden. Damit ist die Liebfrauenkirche, mit deren Errichtung um 1230 begonnen wurde und die etwa dreißig Jahre später fertiggestellt war, der früheste gotische Zentralbau Deutschlands.

Die Liebfrauenkirche diente den Mitgliedern des Domkapitels auch als Grabkirche, was mit sich brachte, dass sie über die Jahrhunderte hinweg mit Gräbern geradezu gepflastert war. Doch im Zuge der französischen Revolution wurden viele dieser Gräber entfernt. Nur einige der bedeutendsten Grabdenkmäler blieben erhalten, andere befinden sich in den Museen Triers.

Traditionell führten zahlreiche Prozessionen vom Dom in die Liebfrauenkirche über den Durchgang, der beide Sakralbauten miteinander verbindet. Doch 1803 wurde die Liebfrauenkirche auf Bestreben der Französischen Besatzer unter Napoleon I. organisatorisch und liturgisch vom Dom getrennt. Dabei wurde auch das domseitige Portal zur Liebfrauenkirche zugemauert und das dahinterliegende, gemeinsam genutzte sogenannte Paradies (umfriedeter Vorhof zwischen beiden Portalen) zur Sakristei für Liebfrauen umgestaltet. Erst anlässlich der Heilig-Rock-Wallfahrt von 1959 hat man das Domportal wieder geöffnet und im Zuge der Domrestaurierung mit einem neuen Holztor versehen.

In der zweiten Hälfte des 19. Jahrhunderts wurde Liebfrauen umfangreich restauriert, wobei man einige barocke Ausstattungsstücke durch neugotische ersetzt hat, um den mittelalterlichen Zustand der Kirche soweit wie möglich wiederherzustellen. Aus dieser Zeit stammt auch die neugotische Orgelempore über dem Westportal.

Auch nach dem Zweiten Weltkrieg, in dem die Liebfrauenkirche schwer beschädigt worden war, wurden umfangreiche Restaurationsarbeiten nötig. Dächer, große Teile des Mauerwerks und mit ihnen viele der Skulpturen, die im Außenbereich angebracht waren, sowie die meisten der filigranen gotischen Fensterumrandungen (Fenstermaßwerke) mussten erneuert werden. Die neuen Glasfenster entstanden nach Entwürfen von Jacques Le Chevallier und Alois Stettner. Anlässlich dieser Neugestaltung, bei der auch der Altar in die Mitte der Kirche gestellt wurde, erhielt die Liebfrauenkirche im Jahr 1951 die Auszeichnung Basilica minor (kleinere Basilika). Diesen besonderen Ehrentitel verleiht der Papst an besondere Kirchengebäude, um ihre Bedeutung für das Umland hervorheben.

Im 21. Jahrhundert, nämlich zwischen Juli 2008 und September 2011, wurde die Liebfrauenkirche ein weiteres Mal aufwendig restauriert.

So gehen Sie weiter: *Wenn Sie die Liebfrauenkirche durch das Hauptportal verlassen haben, wenden Sie sich nach links. Gehen Sie auf der Liebfrauenstraße geradeaus weiter, bis sie eine Linksbiegung macht und zur ‚An der Meerkatz' wird. Nach etwa 50 Metern stoßen Sie auf die Mustorstraße, dort rechts bis zur Konstantinbasilika (insgesamt 350 Meter).*

Konstantinbasilika

Auch die Konstantinbasilika ist seit 1986 Teil des UNESCO-Welterbes "Römische Baudenkmäler und geschütztes Kulturgut" nach der Haager Konvention. Die einstige Audienzhalle der römischen Kaiser ist heute eine evangelische Kirche. Sie wurde vermutlich in den Jahren 305–311 unter Kaiser Konstantin erbaut. Die Bezeichnung Basilika beruht auf der Fehlinterpretation eines spätantiken Textes im 19. Jahrhundert. Dieses Bauwerk entspricht weder dem Bautyp einer Basilika, noch war es je eine katholische Kirche. Es diente als Audienzsaal, in dem Empfänge und das Hofzeremoniell abgehalten wurden, und war Teil einer monumentalen Residenz mit Vorhöfen und Nebengebäuden, zu der auch die Kaiserthermen und ein Circus gehörten. Circus nannten die Römer einen großen Sandplatz, auf dem Wettkämpfe und Wagenrennen stattfanden.

Die Apsis eingeschlossen hat die Basilika eine äußere Länge von 69,8 Metern, die Breite beträgt 27,2 Meter. Mit einer Höhe von etwa 30 Metern war sie in der Antike bedeutend höher als heute. Ursprünglich waren die 2,7 Meter dicken Außenmauern verputzt. Der Fußboden sowie die Innenwände von Langhaus und Apsis waren bis auf die Höhe der obersten Fenstergesimse mit Marmorplatten verkleidet, der Rest bis zur freitragenden Decke mit Stuck verziert. Die heutige Kassettendecke aus Fichtenholz, die an einer Spannbetonkonstruktion hängt und der ursprünglichen Decke aus Römerzeiten nachempfunden ist, wurde 1955 eingezogenen. Bemerkenswert ist auch die antike dreigeteilte Fußbodenheizung, durch die der einst 1600 Quadratmeter große Innenraum beheizbar war.

Nachdem Trier zu Beginn des 5. Jahrhundert mehrmals von den Franken und 451 von den Hunnen erobert wurde, fiel es Ende des 5. Jahrhunderts endgültig an die Franken. Damit bemächtigte sich der fränkische König auch dieses Repräsentationsgebäudes, das zu diesem Zeitpunkt nur noch eine ausgebrannte Ruine war. Im Frühmittelalter kam das Gebäude schließlich in den Besitz der Trierer Bischöfe, die es zu einer Festung umbauten.

1614 wurden Süd- und Ostwand abgerissen, um das antike Gebäude in das neue Kurfürstliche Palais zu integrieren. In den Jahren 1844 bis 1856 fand ein Rückbau statt, danach wurde die Basilika ‚auf ewige

Zeiten' der evangelischen Kirchengemeinde übertragen.

Am 14. August 1944 brannte sie durch einen amerikanischen Luftangriff erneut aus. Bei den Wiederaufbauarbeiten in den 1950er Jahren beschränkte man sich auf die Errichtung der Außenwände und das Einziehen der Holzkassettendecke. An römischer Bausubstanz erhalten sind nur noch die im Norden liegende Apsis, die Westwand, Mauerreste von Vorgängerbauten unterhalb des heutigen Fußbodens sowie Reste von römischen Außenmalereien an der West- und Nordfassade.

Heute finden in der Basilika neben Gottesdiensten auch Konzerte statt.

Besichtigt werden kann sie im Sommerhalbjahr montags bis samstags 10 - 18 Uhr, sonn- und feiertags 13 - 18 Uhr. Im Winterhalbjahr ist sie in den Mittagsstunden und sonn- und feiertags bereits um 15 Uhr geschlossen.

So gehen Sie weiter: *Nur noch ein paar Schritte an der Basilika vorbei - das Kurfürstliche Palais mit dem zughörigen Park schließt direkt an.*

Das Kurfürstliche Palais

Der Renaissance- und Rokokobau hat drei Bauherren. Nordflügel und Ostflügel wurden 1615 von Kurfürst Lothar von Metternich errichtet. Die Fortführung des Baus unter seinem Nachfolger Philipp Christoph von Sötern geriet jedoch wegen des Dreißigjährigen Krieges ins Stocken. Fertiggestellt wurde er schließlich von Caspar von der Leyen, der von 1652 bis 1676 Kurfürst von Trier war. Das Palais wurde jedoch nur selten bewohnt, denn die Kurfürsten hatten 1629 ihre Residenz nach Koblenz verlegt. Erst Kurfürst Johann Philipp von Walderdorff zog wieder nach Trier und ließ 1756 den Südflügel im Stil des Rokoko umbauen. Die Skulpturen wurden von Ferdinand Tietz geschaffen, aus dessen Werkstatt auch die prächtige Rokoko-Treppe stammt, die zum Prunksaal des Palais führt.

Nachdem Napoleon 1794 die Kurfürsten enteignet hatte, wurde das Palais von französischen und später von preußischen Truppen als Kaserne genutzt. Wie auch die Basilika wurde das Palais im Zweiten Weltkrieg schwer beschädigt, deshalb hat man nach Kriegsende die Wirtschaftsgebäude und einen Teil des Schlosses abgerissen. Heute wird das Rokoko-

Palais, das zu den schönsten der Welt zählt, von verschiedenen Behörden und der evangelischen Gemeinde genutzt. Teile des Südflügels dienen repräsentativen Zwecken. Im Großen Saal oder im Innenhof finden hin und wieder Konzerte statt.

Der Palastgarten

Als 1794 französischen Truppen das Palais in Besitz nahmen, um es als Kaserne zu nutzen, wurde aus dem Palastgarten ein öffentlicher Platz und ein Exerziergelände. Anfang des 20. Jahrhunderts gab es erste Pläne, das Areal wieder in einen Park umzugestalten und ihn der Öffentlichkeit zugänglich zu machen. Doch auf Grund finanzieller Probleme wurde das Projekt auf Eis gelegt, bis durch eine Stiftung in den 1930er Jahren genug Geld zur Verwirklichung zur Verfügung stand. Bei der Gestaltung hielt man sich an Vorbilder anderer Rokokogärten. Nach und nach wurden Skulpturen zurückgekauft, die aus dem Garten des Palais stammten und in Privatbesitz gekommen waren oder aus anderen Trierer Gärten kamen, aber zu den vorhandenen Objekten passten.

Tritt man durch eine der Heckenöffnungen in den östlichen Teil des Gartens (mit dem Palais im Rücken links gelegen), findet man dort die meisten und schönsten der Skulpturen. Darunter auch die vier Kardinalstugenden Gerechtigkeit, Mäßigung, Tapferkeit und Weisheit. Die Tarot-Freunde unter Ihnen werden in Betrachtung der Figuren einige der Tarot-Trümpfe erkennen – die Mäßigung zum Beispiel, die Wasser aus einem Krug in einen anderen gießt. Es sollte nicht zu sehr verwundern, denn Forscher gehen davon aus, dass die Trümpfe des sogenannten Marseille-Tarots Anfang des 15. Jahrhunderts in Italien als okkulte Träger einer komplexen philosophischen Lehre entstanden waren. Mönche hatten sie entwickelt, um anhand der Bildtafeln ihr ‚geheimes' Wissen an ausgewählte Schüler weiterzugeben.

Die Tietz-Skulpturen im Park sind allerdings Nachbildungen, die Originale kann man im Städtischen Museum Simeonstift sehen. Auch der Tietz-Brunnen wurde 1940 wiederentdeckt und fand den Weg in den Palastgarten zurück.

Des Weiteren kann man im Osten der Gartenanlage hinter Bäumen ein Stück der mittelalterlichen Stadtmauer sehen. Weil sie den Preußen als Abschirmung des damaligen Exerzierplatzes zupass kam, wurde sie nicht abgetragen und blieb so erhalten. Tritt man durch eines der Tore in dieser Mauer, kommt man zum Rheinischen Landesmuseum. Doch unser Rundgang führt Sie nun zu den Kaiserthermen.

So gehen Sie zu den Kaiserthermen weiter: *Vor bis zum Museum und dort rechts durch die Heckenöffnung zurück in den Mittelteil der Gartenanlage. Wenden Sie sich nach links und gehen Sie mit dem Palais im Rücken am Brunnen vorbei, dann rechts bis zum Weg, der links (in südlicher Richtung) aus dem Garten führt. Am Ende des Gartens rechts über einen Parkplatz bis zur Straße und dort links.*

Die Kaiserthermen

Von den drei römischen Badeanlagen, die man in Trier entdeckt hat, sind die Kaiserthermen die größten. Sie gehörten zur Kaiserlichen Residenz und bildeten zusammen mit der Basilika (Audienzsaal), deren Vorhöfen und Nebengebäuden und einem Circus eine Einheit. Zur Römerzeit lagen Sie am Ende einer Prachtstraße, die wie die heutige Kaiserstraße von der Römerbrücke im Westen nach Osten Richtung Amphitheater verlief. An beiden Seiten dieser Straße breitete sich das antike Augusta Treverorum aus.

Unter Kaiser Konstantin wurde im 4. Jahrhundert mit dem Bau der pompösen Bäderanlage begonnen. Geplant waren ein Heißbad, ein Kaltbad, ein Luftbad und ein Gymnastikraum. Doch die Thermen wurden, vermutlich aus finanziellen Gründen, nie fertiggestellt und auch nie als Badeanlage genutzt. Kaiser Valentinian I. (364 bis 375) ließ schließlich Teile des Rohbaus abbrechen und die Bäder zu Repräsentationsräumlichkeiten umfunktionieren.

Im Mittelalter diente die Anlage als Sitz der Burggrafen von Trier. Unter Albero von Munsterol, der von 1132 bis 1152 Erzbischof von Trier war, wurde sie dann in die Stadtbefestigung miteinbezogen. Man schüttete den Boden auf und funktionierte eines der Fenster zum Stadttor um. 1816 und 1817 wurden die mittelalterlichen Bauteile wieder abgebrochen und nach weiteren Ausgrabungen in den 1960er Jahren umfangreiche Restaurierungsarbeiten durchgeführt.

Die Anlage, wie sie von Kaiser Konstantin begonnen wurde, wies eine Grundfläche von 260 mal 145 Metern auf. Auf einer Grundrisstafel, die man am Eingangstor zu den Kaiserthermen aufgestellt hat, können sich Besucher einen Überblick über die Anordnung der Anlage verschaffen.

Die Heizungsanlagen, die heute nur noch Ruinen sind, wurden mit Holzkohle betrieben und konnten eine Temperatur von 600° Celsius erzeugen. Die unterirdischen Bedienungsgänge und Kanäle sind zweigeschossig und stellen das größte bisher bekannte Kellersystem der Antike dar. Unter dem Gymnastikplatz hat man Reste einer Wohnsiedlung aus dem 2. Jahrhundert entdeckt. Die freigelegten Wandmalereien und Mosaike sind im Landesmuseum ausgestellt.

Während der Sommermonate finden in den Thermen auch Theateraufführungen statt.

Besichtigungen sind auch im Rahmen einer Führung möglich. Öffnungszeiten: von Anfang April bis 30. September täglich von 9 bis 18 Uhr, vom 1. Oktober bis Anfang April täglich von 9 bis 17 Uhr, im Dezember täglich von 10 bis 16 Uhr

Weitere Infos finden Sie hier: <u>http://www.trier-info.de/kaiserthermen-preise-und-zeiten</u>

So gehen Sie weiter: *Die Kaiserthermen dort verlassen wo Sie sie betreten haben. Mit der Anlage im Rücken nach links zur Kaiserstraße, dort rechts. Zwischen Kaiserstraße und der parallel verlaufenden Südallee befindet sich unter Bäumen ein Fußgängerweg, auf dem es sich gemütlich läuft. An der 3. Kreuzung links zu den Barbarathermen abbiegen – der Eingang ist nur noch ein paar Schritte entfernt.*

Falls Sie nicht zu den Barbarathermen wollen, an der 3. Kreuzung weiter geradeaus bis zur Mosel. Dort die Fahrbahn zur Uferpromenade überqueren. Rechts sehen Sie die Römerbrücke (Beschreibung folgt nach den Barbarathermen).

Barbarathermen

Die Barbarathermen wurden Mitte des 2. Jahrhunderts erbaut und sind die ältesten der drei Trierer Thermen. Ihren Namen erhielten sie allerding erst im 12. Jahrhundert, als sie beim Bau der Stadtmauer ausgeklammert worden waren und damit zum Vorort St. Barbara gehörten. Im Gegensatz zu den Kai-

serthermen wurden sie vollendet und als Bad der römischen Stadtbevölkerung genutzt. Das Badewasser
hat man über ein Aquädukt von der Ruwer, einem
Nebenfluss der Mosel, hergeleitet.

Die Anlage ist fast so groß wie die der Kaiserthermen
und zählte zu den größten Badeanlagen des römischen Imperiums. Nur die Diokletians- und Cara-
callathermen in Rom waren noch größer. Der vielge-
staltige Bau mit prachtvollen Fassaden und einem
Prachtportal, vielen kleinen Höfen und Hallen, Mar-
morböden, kunstvollen Mosaiken und Statuen, die
in Wandnischen standen, wies eine Grundfläche von
240 mal 172 Metern auf. Es gab ein dreischiffiges
Kaltwasserbad mit elf Becken, ein Warmluftbad, ein
Warmwasserbad mit je einem 23 Meter langen ge-
heizten Schwimmbecken zu beiden Seiten, daneben
noch Schwitzbäder und Massageräume und sepa-
rate Baderäume für Frauen.

Im 12. Jahrhundert diente die Anlage als Burg eines
Dienstmannengeschlechts von niederem Adel, das
für die Brückenwacht der unweit gelegenen Römerbrücke zuständig war. Zu Beginn des 17. Jahrhunderts wurden die Thermen dann von Jesuiten erwor-
ben, die sie als Steinbruch für den Bau eines Kollegs

nutzten. Was danach noch von der Anlage übriggeblieben war, wurde während einer Belagerung durch französische Soldaten in den Jahren 1673 bis 1675 weitgehend zerstört. So sind heute nur noch die Mauern der Kellergänge und geringe Teile des Erdgeschosses erhalten. Trotzdem kann man sich einen guten Überblick über die einstige Größe und Bedeutung der Badeanlage verschaffen.

Öffnungszeiten in den Sommermonaten täglich von 9 bis 18 Uhr, in den Wintermonaten schließen die Thermen bereits um 16 Uhr.

So gehen Sie weiter: *Zurück zur Kreuzung, dort nach links abbiegen, weiter bis zur Mosel und dort die Fahrbahn zur Uferpromenade überqueren. Ein Stück nach rechts versetzt sehen Sie*

Die Römerbrücke

Sie ist das älteste Brückenbauwerk nördlich der Alpen und zählt zum UNESCO Weltkulturerbe.

Bereits im Jahr 17 v. Chr. führte bei Trier eine Holzbrücke über die Mosel. Die ersten steinernen Brückenpfeiler, die errichtet wurden, datierten aus dem 1. Jahrhundert nach Christus. Diese Brücke befand sich acht Meter flussaufwärts. Zwischen 144 und 152 n. Chr. wurden die Brückenpfeiler der heutigen Brücke aufgezogen. Diese neue Brücke war nötig geworden, weil die alte den zunehmenden Verkehr nicht mehr bewältigen konnte. Sie trug jedoch einen Aufsatz aus Holz. Erst im Mittelalter hat man die hölzerne Fahrbahn durch eine steinerne ersetzt und dabei an den beiden Brückenköpfen und in der Mitte der Brücke zum Schutz Tore errichtet, die im 19. Jahrhundert wieder abgerissen wurden.

Für mehr als tausend Jahre war und blieb die Trierer Brücke der einzige feste Moselübergang zwischen Koblenz und Metz - und auch heute noch ist sie für den Verkehrsfluss von Bedeutung. Nachdem sie 1689 bei einer Sprengung durch die Franzosen schwer beschädigt worden war, ließ sie Kurfürst Franz Ludwig 1718 wiederherstellen. Dabei hat man auf dem fünften Pfeiler ein Kruzifix und die Statue des heiligen Nikolaus aufgestellt. 1931 wurde die Brücke um zwei Fußgängerstege verbreitert.

Es gleicht fast schon einem Wunder, dass sie im Zweiten Weltkrieg vor Zerstörung verschont blieb. Auch Hochwasser, Eisschollen und Schwemmholz konnten ihr nichts anhaben.

So gehen Sie weiter: *Folgen Sie der Mosel in Fließ-richtung, also gen Norden. Nach 250 Metern kommen Sie zu einem antiken Hebekran – das ist der jüngere der beiden Trierer Moselkräne. Noch einmal 300 Meter weiter kommen Sie zum älteren, genannt ‚Alter Krahnen‘.*

Die Moselkräne

Die beiden Kräne, die der Mosellände auch den Namen geben - ‚Krahnenufer‘ - gelten als technisches Kulturgut. Nötig waren sie zum Be- und Entladen der Lastkähne, die hier anlegten.

Der jüngere Kran, an dem Sie zuerst vorbeikamen, wurde 1774 erbaut. Der ‚Alte Krahnen‘ stammt aus dem Jahr 1413, sein aus Eichenholz bestehendes Getriebe wurde jedoch im 18. Jahrhundert erneuert. Es handelt sich um einen Turmdrehkran mit zwei Treträdern, die nebeneinander liegen und einen Durchmesser von 4,16 Meter haben. Auf dem Turm sitzt ein drehbares Dach, das auf einem massiven Unterbau ruht. Angetrieben wurden solche Kräne durch Menschenkraft. Sogenannte ‚Windenknechte‘ - nicht selten waren es Gefangene - mussten wie Hamster in dem Trommelrad laufen, um die am Rad befestigten Flaschenzüge zu bewegen und so die oft tonnenschweren Lasten an Land zu hieven. Kräne dieser Art waren im Mittelalter üblich. Auch in Andernach oder Danzig kann man dieses System noch besichtigen. Im Danziger Krantor liegen die beiden Trommelräder jedoch übereinander.

Bevor Sie weitergehen, werfen Sie einen Blick nach rechts. Auf der anderen Uferseite in 300 Metern Höhe sehen Sie

Die Mariensäule

Eine betende Muttergottes steht auf einem hohen neogotischen Sockel. Figur und Sockel messen zusammen 40 Meter. Sie wurde 1866 von der katholischen Bevölkerung aufgestellt, um zu provozieren und sich der preußisch-protestantischen Regierung zu widersetzen.

So gehen Sie weiter: *Spazieren Sie in Fließrichtung (gen Norden) an der Mosel entlang. Nach etwa 250 Metern biegen Sie nach rechts ab und überqueren an der Ampel die Verkehrsstraße, um Richtung Osten in die Innenstadt zurückzugehen. Nach etwa 50 Metern kommt linkerhand ein begrünter Parkplatz. Am Ende des Parkplatzes links abbiegen. Die Straße macht*

*eine sanfte Rechtskurve und wird zur Kalenfels-
straße. An der nächsten Kreuzung (Paulsplatz) weiter
geradeaus in die Dietrichstraße, auf der Sie nach
etwa 500 Metern zum Frankenturm kommen – er
liegt rechts. Vom Alten Krahnen bis zum Frankenturm sind es insgesamt 1100 Meter.*

Frankenturm

Der Frankenturm ist einer der drei verbliebenen
wehrhaften Wohntürme in Trier (siehe auch Dreikönigenhaus) und als solcher auch noch gut erkennbar.
Er wurde im 11. Jahrhundert erbaut und ist nach
Franco von Senheim benannt, der hier im 14. Jahrhundert lebte.

Wie auch im Dreikönigenhaus lag der ursprüngliche
Eingang im Obergeschoss und war nur über eine
Holztreppe zu erreichen, die zum Schutz gegen
Feinde hochgezogen werden konnte. Das heutige
Eingangstor im Erdgeschoss stammt aus späterer
Zeit. Erbaut wurde der Turm, wie viele der histori-
schen Gebäude Triers, aus Abbruchsteinen römi-
scher Bauten. Dabei fand auch ein mit einer Inschrift
versehener Stein aus einem Grabmal als Türsturz

eine neue Bestimmung, wurde allerdings auf dem Kopf stehend eingefügt.

Der Frankenturm diente den Ministerialen des Erzbischofs als Wohnturm. In der NS-Zeit sollte ein Staatsjugendheim daraus werden, wozu es aber nicht mehr kam. Danach stand der Turm lange leer. In den Jahren 2006 und 2007 wurde er umfassend renoviert. Bei den Innenausbauten hat man ganz bewusst moderne Formen gewählt und auf moderne Materialien zurückgegriffen. Seit seiner Wiedereröffnung kann der Frankenturm für Veranstaltungen oder Tagungen angemietet werden.

So gehen Sie weiter: *Setzen Sie Ihren Weg in selber Richtung fort. Bis zum Hauptmarkt sind es noch etwa 70 Meter. Von dort zurück zur Porta Nigra, wo unser Rundgang anfing.*

Marktplatz mit Staupe

Ein zweiter Tag in Trier – Besichtigungen und Ausflüge in die nahe Umgebung

Das Amphitheater

das aus der Zeit um 100 n. Chr. stammt, ist das älteste der römischen Bauwerke in Trier und vor allem wegen seiner Bauweise interessant. Während die meisten römischen Amphitheater aus Steinquadern errichtet wurden, ist das Trierer Theater eine Wallanlage. Man machte sich auf der Ostseite die natürliche Steigung des Petrisbergs zunutze und schüttete auf der Westseite Erdreich auf. Auf drei Rängen mit je 26 rundumführenden Sitzreihen bot es Platz für 20 000 Zuschauer. Zum Vergleich: Die Arena di Verona fasst 22 000 Zuschauer. Die beiden Haupteingänge lagen im Norden und Süden, die Tore dienten in der Spätantike auch als inneres und äußeres Stadttor, wobei die Arena selbst als Zwinger fungierte. Als Zwinger bezeichnet man in sich geschlossene Doppeltoranlagen, die aus Haupttor, Vortor und zwei Mauern bestanden, die beide Tore miteinander verband. So ergab sich eine Art Kessel zwischen den Toren. Gelang es dem Feind, das Vortor zu erobern, war er im Zwinger gefangen und leicht zu bekämpfen.

Die beiden noch erhaltenen Gewölbeeingänge an der Westseite führten auf das Podium, auf dem sich die Ehrensitze befanden, die durch Inschriften gekennzeichnet waren. Die Käfige für die wilden Tiere hatte man unterhalb der Anlage in die Umfassungsmauer eingebaut. In den Kellern befanden sich außerdem die Räume für die Gladiatoren und die technischen Einrichtungen, zum Beispiel eine Hebebühne oder eine Bewässerungsanlage, mit der der

Sandboden der Arena bei großer Hitze berieselt werden konnte, um sie staubfrei zu halten.

Als die Franken Trier erobert hatten, wurde das Amphitheater durch sie teilweise zerstört. Im Mittelalter hat man Steine aus dem Theater für den Bau von Kirchen und Klöstern verwendet, die Ränge mit Rebstöcken bepflanzt und bis weit ins 19. Jahrhundert hinein als Weinberge genutzt. Die Arena selbst versank unter Schlamm und Staub. Aus diesem Grund sind heute nur noch Reste der Brüstungsmauer, die Kellerräume sowie der Entwässerungskanal um die Arena zu sehen - die Sitzreihen und Aufbauten des Amphitheaters sind nicht mehr vorhanden.

Das Amphitheater wird in den Sommermonaten für Freilichtaufführungen genutzt.

Öffnungszeiten von 9 Uhr bis 17 Uhr

Das Bischöfliche Weingut Trier

bietet verschiedene Führungen mit Weinverköstigung an. So bekommt man auch gleich Zutritt zu den weitläufigen Weinkellern, die sich unter der Trierer Innenstadt befinden, und erhält Informationen zur

Herstellung von Wein. Vorher anrufen empfiehlt sich.

Telefon: 0651-145760
Adresse: Gervasiusstraße 1, 54290 Trier
http://www.bischoeflicheweingueter.de/kontakt/weinproben.html

Tempelanlage Tawern

Der Römische Tempelbezirk liegt auf dem Metzenberg nahe der kleinen Ortschaft Tawern. Dort führte die Römerstraße von Trier nach Metz vorbei. Innerhalb einer viereckigen Bezirksmauer von 46 mal 36 Meter befanden sich ursprünglich fünf Tempel, die im Laufe der Zeit um vier Nebengebäude und zwei Toranlagen erweitert wurden. In einem der Tempel stand eine überlebensgroße Figur des Mercurius, der als Gott des Handels, des Gewerbes und der Reisenden verehrt wurde. Wer an der Tempelanlage vorbeikam und sich seiner Gunst versichern wollte, brachte ihm Opfer dar. Außerdem befand sich auf dem Gelände ein über 15 Meter tiefer Brunnen, an dem die Reisenden sich und ihre Tiere mit Wasser versorgen konnten. Im Brunnenschacht entdeckte man bei den Ausgrabungen Münzen, Krüge und kleine Plastiken. Anhand dieser Funde ließ sich die Geschichte der Anlage rekonstruieren, und man konnte mit Hilfe einer Münze feststellen, dass der Brunnen noch Ende des vierten Jahrhunderts n. Chr. bestand. Doch als die Ausübung heidnischer Kulte im Jahre 392 n. Chr. verboten wurde, ist das Heiligtum am Metzenberg vermutlich von den Anhängern des neuen Christentums zerstört worden.

Ende des letzten Jahrhunderts hat man den Tempelbezirk wiederaufgebaut. Auch für Kinder, die sich für die römische Geschichte interessieren, ist das ein interessanter Ausflug. Das Gelände ist ganzjährig rund um die Uhr betretbar.

So kommen Sie hin: *Bleiben Sie mit dem Auto an der Altstadtseite der Mosel und fahren Sie auf der B 51 Richtung Konz und dort weiter nach Tawern. In Tawern führt Sie ein Wegweiser zum Parkplatz des Tempelbezirks. Vom Parkplatz geht man zu Fuß auf einem Waldwirtschaftsweg etwa 800 Meter leicht bergauf bis zur Tempelanlage - insgesamt 15 Kilometer.*

Die Igeler Säule

ist ein römisches Pfeilergrabdenkmal aus rotem Sandstein, das im Zentrum der Gemeinde Igel steht. Sie stammt aus der ersten Hälfte des 3. Jahrhunderts und lag, wie weitere Grabdenkmäler, Reliefsteine und Steinsärge solcher Art, an der einstigen Römerstraße. Errichtet wurde sie von der dort ansässigen Tuchhändlerfamilie der Secundinier, deren Villa vermutlich unweit des Monuments auf dem kleinen Felsplateau zwischen der alten Pfarrkirche und der neuen Schule stand.

Ursprünglich war das Denkmal, das eine Gesamthöhe von 23 Metern aufweist und reich mit Reliefs geschmückt ist, farbig gestaltet. Es sollte vermutlich nicht nur an die Toten der Secundinier erinnern, sondern auch auf den Tuchhandel der Familie hinweisen, die ihr Geschäft im nahen Trier betrieb. Das lässt sich aus der Tatsache schließen, dass die Säule nicht nur Szenen aus der Mythologie zeigt, sondern auch aus dem Privat- und Berufsleben der Tuchhändlerfamilie. Auf einer der Darstellungen sieht man, wie Diener Speisen zubereiten, auf einer anderen wohnt man einem Familienmahl bei. Ein Fries an der Westseite zeigt, wie Landpächter ihre Pacht in Naturalien übergeben, auf einem anderen bezahlen sie mit Geld. Man kann auf den Reliefs der Säule eine Tuchprobe, Treidelszenen, einen von drei Pferden gezogenen vierrädrigen Lastenwagen oder einen Warentransport mit Packpferden sehen, die über ein Gebirge ziehen.

Neben dem Mainzer Drususstein ist die Igeler Säule das einzige und besterhaltene römische (oberirdische) Grabmal nördlich der Alpen, das seit der Antike an seinem Originalstandort erhalten blieb. Fundamente weiterer Grabmäler, sowie Reliefsteine und

Steinsärge, die an der einstigen Römerstraße gefunden wurden, werden im Rheinischen Landesmuseum in Trier ausgestellt.

So kommen Sie von Trier nach Igel: *Mit dem Auto über die Römerbrücke, am Westufer links, auf der B 51 und B 49 acht Kilometer Richtung Luxemburg. Oder mit dem Regionalzug ab Bahnhof – alle 60 Minuten.*

Ausflug mit dem Moseldampfer nach Pfalzel

Der kleine Ortsteil Pfalzel liegt nordöstlich der Trierer Altstadt am anderen (linken) Ufer der Mosel. Der Name leitet sich aus dem lateinischen ‚Palatiolum‘ ab, eine Verkleinerungsform des Wortes Palast, und bezieht sich auf eine festungsartige Wohnanlage aus dem 4. Jahrhundert, die spätrömische Kaiser an dieser strategisch günstigen Stelle errichten ließen.

Im 7. Jahrhundert wurde die Wohnanlage zu einem Nonnenkloster und ab 1027 in ein Kanonikerstift umfunktioniert. Ein Torhaus, Kreuzgang, Kapellen und Wirtschaftsgebäude entstanden. Burg und Stift wurden bis zum 16. Jahrhundert mit einer Wallmauer umgrenzt und um Zehntscheune, ein kurfürstliches

Amtshaus sowie Münzstätte und Mühle ergänzt. Dabei hat man Teile der altrömischen Gebäude abgetragen und zum Bau z.B. der Klosterkirche verwendet. Andere Gebäude wurden an Ort und Stelle in die Neubauten einbezogen und blieben deshalb teilweise erhalten. So besteht das Pfarrhaus aus zwei gotischen und zwei römischen Mauern.

Pfalzel kann man mit dem Schiff auf der Mosel erreichen. Die Fahrt dauert 30 Minuten und ist auch für Kinder eine willkommene Abwechslung. Die Anlegestelle in Trier befindet sich am Zurlaubener Ufer (rechtsseitiges Moselufer, nördlich der Kaiser-Wilhelm-Brücke). Kommt man in Pfalzel an, geht man direkt an einer Stadtmauer an Land, die aus dem 16. Jahrhundert stammt. Dort befindet sich auch ein Café, das teilweise in den alten Kreuzgang des Stifts integriert ist. Vorbei an römischen Mauern und Fußböden gelangt man auf idyllischen Wegen in den historischen Ortskern.

> **Achtung:**
> *Wenn man in Pfalzel aus- oder einsteigen will, muss man dies vorab beim Schifffahrtsunternehmen Kolb anmelden! Zu erreichen von Montag bis Samstag von 9 bis 20 Uhr. Telefon: 0651-9790777*

http://www.moselrundfahrten.de/trier/sommer-
fahrplan/panorama-rundfahrten

Infos zu Pfalzel: http://www.trier-info.de/pfalzel-
info

Weitere Schifffahrten auf der Mosel

Man kann ein- oder zweistündige Moselrundfahr-
ten, Tagesfahrt nach Bernkastel-Kues, Halbtages-
fahrt nach Saarburg, ein Seniorenfahrt mit Kaffee
und Kuchen oder die Moonlight River-Cruise mit
Live-Musik buchen. Im Winter gibt es Glühwein- und
Brunchfahrten. Abfahrt ab Trier-Zurlauben (Kaiser-
Wilhelm-Brücke), rechtsseitiges Moselufer.

Infos unter: http://www.trier-info.de/schifffahrten
oder http://www.moselrundfahrten.de/trier/home

Museen

Das Karl-Marx-Haus

ist das einzige Museum in Deutschland, das sich dem Leben und dem Werk von Karl Marx widmet. Zu sehen ist eine sehr informativ aufgestellte Dauerausstellung über den Schriftsteller, Philosophen und Politiker, der 1818 in diesem Haus das Licht der Welt erblickte.

Adresse: Brückenstraße 10 (Nähe Fußgängerzone)
Tel. 0651 / 970680

> **Info für behinderte Menschen:** Das Karl-Marx-Haus ist <u>nicht</u> barrierefrei!

Stadtmuseum am Simeonstift

Es werden rund 900 Objekte auf 1000 Quadratmetern Ausstellungsfläche präsentiert, die eine Zeitspanne von circa 2000 Jahren umfassen. Die Sammlung, die aus Kunstgegenständen, feinem Porzellan, aber auch aus Alltags- und Gebrauchsgegenständen besteht, gewährt Einblicke in Leben und Alltag, Handel, Glaube, Kunst und Technik.

Adresse: Simeonstiftplatz 1, 54290 Trier
Tel: 0651-7181459
Internet: http://www.museum-trier.de/Startseite/

Rheinisches Landesmuseum

Kein anderes Museum in Deutschland widmet sich so umfassend den ersten vier Jahrhunderten nach Christus. Themen wie Zivilisation, Wirtschaft, Siedlung, Religion und Kunst werden durchleuchtet.

Adresse: Weimarer Allee 1 / Telefon 0651-97740

Infos: http://www.trier-info.de/landesmuseum-info

Infos für behinderte Menschen: *Das Museum ist barrierefrei. Mehr Infos zum Thema Barrierefrei #Trier finden Sie hier*: https://www.trier-info.de/barrierefrei

Für große und kleine Kinder - das Spielzeugmuseum

In den verwinkelten Räumen des historischen Hauses erzählen mehr als 5000 Exponate Geschichte und Geschichten aus über hundert Jahren.

Adresse: Hauptmarkt 14 / Telefon: 0651-75850

Info für behinderte Menschen: *Der barrierefreie Eingang ist in der Jakobstraße 4-5*

Feste

Trier hat ein Theater, und es werden das ganze Jahr über viele musikalische Veranstaltungen und Feste angeboten. Für Tagestouristen interessant: Immer in der zweiten Junihälfte gibt es das Trierer Altstadtfest, im Dezember einen Weihnachtsmarkt.

Sightseeing

Hop-on-hop-off-Bus – kombiniert mit unserem Rundgang

Auch in Trier fährt ein Hop-on-hop-off-Bus. Da aber die Altstadt Fußgängerzone ist und die wichtigsten Sehenswürdigkeiten nicht mit dem Bus zu erreichen sind, ersetzt er nicht unseren Rundgang. Interessant kann die Tour sein, wenn man den Rundgang mit dem Hop-on-hop-off-Bus kombiniert. Dann beginnt man an der Porta Nigra mit unserem Rundgang und folgt ihm bis Palastgarten. Vom Palastgarten geht man ein paar Meter zurück zur Basilika, steigt dort in den Rundfahrtbus ein, um einmal die gesamte Route zu fahren - Karl-Marx-Haus, Porta Nigra, Zurlaubener Ufer, Barbarathermen, Amphitheater, Konstantinbasilika. Um wieder zum Auto zurückzukommen, bleibt man danach noch zwei Stationen sitzen und steigt erst an der Porta Nigra aus. Von dort geht man zum Parkhaus oder fährt mit der Linie 3 zum Messegelände.

Vorteil: Die Fußwege sind etwas kürzer, man kann sich auch das Amphitheater ansehen, das wir bei unserem Rundgang ausgespart haben, da es recht abseits liegt.

Nachteil: Der Bus hält nicht am Alten Krahnen. Wer die Kräne unbedingt sehen möchte, müsste am Zurlaubener Ufer aussteigen und flussaufwärts an der Mosel entlang bis zur Römerbrücke gehen. Man kommt auf diesem Weg an den beiden Kränen vorbei. Nach der Brücke links über die Autostraße bis zu den Barbarathermen, dort wieder in den Bus einsteigen.

Statt der Kaiserthermen würden wir in diesem Fall eine Besichtigung der Barbarathermen vorschlagen. An den Kaiserthermen fährt man anschließend vorbei.

Das sind die Haltestellen des Rundfahrtbusses:
1 - Porta Nigra
2 - Zurlaubener Ufer (Stadthafen)
3 - Barbarathermen
4 - Amphitheater
5 - Konstantinbasilika
6 - Karl-Marx-Haus
7 - Porta Nigra

Von April bis Oktober fährt der Bus täglich alle 30 Minuten. Erste Tour ab Porta Nigra 10:00 Uhr, letzte Abfahrt an der Porta Nigra 17:00 Uhr. An Bord gibt es einen mehrsprachigen Audio-Stadtführer. Tickets für die Sehenswürdigkeiten sind nicht im Fahrpreis inbegriffen. Es kann an jeder Haltestelle ein- oder ausgestiegen werden.

Hinweis für behinderte Menschen: *Der Doppeldeckerbus ist im unteren Bereich für Rollstühle geeignet.*

Achtung: *Wer online oder per Handy bucht, muss zur Bestätigung einen Ausdruck der Buchung bei sich haben!*

Erlebnisführungen

Es gibt einige sogenannte Erlebnisführungen in Trier. Die Reiseleiter tragen dann römische oder mittelalterliche Kostüme und erzählen im Grunde nichts anderes als das, was Sie hier bereits erfahren haben.

Infos finden Sie hier: http://www.erlebnisfuehrungen.de/valerius/erlebnisbausteine.php

Spezielle Führungen für Kinder unter: https://www.trier-info.de/oeffentliche-fuehrun-gen/stadtrundgang-fuer-kinder

Aus Kapazitätsgründen wird Voranmeldung angera-ten!

Fachwerkhäuser sind in Trier eine Seltenheit

Weitere Infos, wichtige Adressen und mehr

Touristenauskunft und TrierCard

Die **Touristenauskunft** von Trier finden Sie im Simeonstift an der Porta Nigra
Tel: 0651 / 97808-0 / Fax: 0651 / 97808-76
Postanschrift: Trier Tourismus und Marketing GmbH / Simeonstr. 55 / 54290 Trier
E-Mail: info@trier-info.de / Infos im Internet unter http://www.trier-info.de/kontakt

Die **TrierCard** gilt ab dem 1. Gültigkeitstag an drei aufeinander folgenden Tagen. Sie ermöglicht die freie Fahrt auf den innerstädtischen Buslinien und gewährt einige Ermäßigungen, vor allem für Museumsbesucher. Bei einem eintägigen Aufenthalt, an dem Sie unserem Rundgang folgen, lohnt sie sich allerdings nicht. Interessant wird sie, wenn man länger bleibt und auch Museen besucht.

> **Tipp:** *Hat man bei einem mehrtägigen Aufenthalt vor, auch einen Abstecher nach Luxemburg-Stadt zu machen, erhält man dort als Inhaber der TrierCard eine zweistündige kostenlose Führung.*

Man bekommt die TrierCard bei der Touristenauskunft an der Porta Nigra oder online im Trier-Shop
unter http://www.trier-info.de/shop Infos zu den Ermäßigungen finden Sie hier: http://www.trier-
info.de/triercard

Autofahren und Parken für PKW, Motorradfahrer und Camper

Verkehrsvorschriften in Deutschland

Falls durch Hinweisschilder nicht anders gekennzeichnet, gilt innerhalb der Ortschaften Tempo 50
km/h, auf Bundesstraßen Tempo 100 km/h. Auf Autobahnen haben Pkw, Motorrad und Wohnmobile
bis 3,5t freie Fahrt, es wird jedoch eine Höchstge-
schwindigkeit von 130 km/h empfohlen. Für Wohnmobile über 3,5t gilt Außerorts 80 km/h, auf Autobahnen 100 km/h. Kfz von 3,5 bis 7,5 t sowie Ge-
spanne dürfen Außerorts und auf Autobahnen nicht
schneller als 80 km/h fahren. Ist der Anhänger für
eine Geschwindigkeit von 100 km/h geeignet, benö-
tigten Sie eine Plakette am Fahrzeug. Falls die Sichtweite durch Nebel, Rauch, Regen oder Schneefall
weniger als 50 Meter beträgt, gilt für diesen Bereich
für alle Fahrzeuge ein Tempolimit von 50 km/h.

In Deutschland gilt eine Promillegrenze von 0,5. Ein absolutes Alkoholverbot gilt für Fahranfänger während der zweijährigen Führerschein-Probezeit bzw. für alle Lenker bis zur Vollendung des 21. Lebensjahres. Unter diese 0,0 Promille-Regelung fallen auch ausländische Touristen unter 21 Jahren bzw. Führerscheinneulinge, deren Lebensmittelpunkt während der Probezeit in Deutschland liegt.

Überholt werden darf nur links! Ein generelles Überholverbot gilt auf zweispurigen Straßen auch für den Gegenverkehr, wenn Schulbusse an der Haltestelle ihren Warnblinker anschalten. Steht der Bus ohne Warnblinker, darf nur im Schritttempo vorbeigefahren werden.

In Deutschland müssen alle Insassen eines Fahrzeuges angeschnallt sein. Sind Kinder unter 13 Jahre alt oder kleiner als 150 cm, dürfen sie nur in geeigneten Kindersitzen bzw. größere Kinder auf Sitzerhöhungen befördert werden. Telefonieren am Steuer ist nur unter Verwendung einer Freisprecheinrichtung erlaubt. Bei Schneeglätte, Schneematsch, Reifglätte oder Glatteis darf ein Kraftfahrzeug ausschließlich mit Winter- oder Ganzjahresreifen betrieben werden. Bei Verkehrsdelikten oder Missachtung solcher

Regeln drohen auch ausländischen Verkehrsteilnehmern hohe Strafen.

Motorräder und Mopeds müssen auch tagsüber mit Licht fahren. Für alle anderen Fahrzeuge wird Licht am Tag empfohlen. Nebelschlusslampen dürfen nur dann benutzt werden, wenn die Sichtweite weniger als 50 m beträgt. Für alle Kraftfahrzeuge gilt eine Lichtpflicht in Tunnels. Mitgeführt werden müssen Verbandszeug, Warnweste (auf Autobahnen und Schnellstraßen besteht außerhalb des Fahrzeuges eine Tragepflicht), Warndreieck, Feuerlöscher, Ersatzlampenset. Kfz über 3,5t benötigen eine tragbare gelbblinkende Warnleuchte. Für Motorradfahrer besteht keine Mitführpflicht, sie müssen jedoch einen Sturzhelm tragen.

Bei Ampelanlagen zeigt ein grüner Pfeil auf schwarzem Grund nach rechts an, dass bei Rot für die Geradeaus-Richtung nach einem kurzen Stopp vorsichtig nach rechts abgebogen werden darf.

Parken ist in Deutschland nur in Fahrtrichtung erlaubt. Parkverbot besteht vor Grundstücksausfahrten, bis zu 5 m vor und hinter Kreuzungen und Einmündungen, bis zu 10 m vor Ampeln und bis zu 15 m vor und hinter Haltestellenschildern. Halteverbot besteht an Halteverbotszeichen, 5 m vor und hinter Fußgängerüberwegen und bis zu 10 m vor Ampeln, Vorfahrt- oder Stoppschildern. Im eingeschränkten Halteverbot ist Aus- und Einsteigen sowie Be- und Entladen erlaubt.

Achtung: GPS-Navigationsgeräte, die vor mobilen oder fest installierten Geschwindigkeitsmessstellen oder Blitzampeln warnen, sind verboten. Dabei spielt es keine Rolle, ob das Gerät in Betrieb ist oder nicht. Polizei und/oder Zollbehörden stellen solche Geräte sicher und erstatten gegen den Besitzer Anzeige. Es muss mit einer hohen Geld- oder sogar mit einer Freiheitsstrafe gerechnet werden. Zudem können die Geräte eingezogen und vernichtet werden. Auch Gerätekombinationen wie Handys und Notebooks, die solche Warnfunktionen enthalten, sind nicht zulässig und somit illegal!

Parken für PKW

In der Innenstadt gibt es kaum Parkplätze, jedoch einige Parkhäuser. Wir schlagen als Parkmöglichkeit das Parkhaus Ostallee vor und leiten Sie von dort zur Porta Nigra, wo wir mit unserem Rundgang beginnen.

Das Parkhaus Ostallee liegt am Bahnhof und hat sieben Tage 24 Stunden geöffnet. Die Einfahrtshöhe beträgt zwei Meter. Es gibt eine   Elektrotankstelle, 860 Stellplätze, darunter auch Behinderten-Parkplätze und Frauenparkplätze. Es ist zwar ein Aufzug vorhanden, aber keine WCs oder Behindertentoiletten.

So kommen Sie hin: *Fährt man vom Süden kommend am rechten Moselufer (Altstadtseite) auf die Römerbrücke zu, zweigt kurz vor der Brücke die Südallee ab. Auf der Südallee bis zum Kreisverkehr fahren, dort links auf die Ostallee - den Schildern zum Parkhaus folgen.*

Kommen Sie über die Römerbrücke nach Trier, benutzen Sie den linken Fahrstreifen, um rechts auf St.-Barbara-Ufer/B49 abzubiegen. Danach einen der beiden linken Fahrstreifen benutzen, um links auf Südallee abzubiegen. Auf der Südallee bis zum Kreisverkehr fahren, dort links auf die Ostallee - den Schildern zum Parkhaus folgen.

Falls Sie über die nördlicher gelegene Kaiser-Wilhelm-Brücke kommen, fahren Sie am Ende der Brücke rechts, dann die erste links (Sie überqueren die Uferstraße), biegen die nächste links ab, nun weiter geradeaus, an der Porta Nigra vorbei bis zum Bahnhof. Vorher rechts ab – den Schildern zum Parkhaus folgen.

Adresse: Parkhaus Ostallee, Fabrikstraße, 54290 Trier.

Hinweis für ausländische Besucher: Bevor Sie Ihr Auto wieder abholen, müssen Sie am Kassenautomaten die Gebühr für das Parkhaus entrichten. Die Kassenautomaten stehen meist im Eingangsbereich. Ab dann hat man bis zu 15 Minuten Zeit, das Parkhaus mit dem Auto zu verlassen.

Der P&R Messepark in Trier-West – liegt in den Moselauen an der Konrad-Adenauer-Brücke. Hier parkt man kostenlos, der Platz ist täglich 24 Stunden geöffnet. Finden auf dem Messegelände Veranstaltungen statt, muss man allerdings bezahlen. Mit der Buslinie 3 kommt man zur Porta Nigra (Fahrtrichtung Tarforst). Sie fährt im 20-Minuten-Takt von 6.30 bis 18 Uhr. Will man zum Auto zurück, nimmt man die Linie 3 in Fahrtrichtung Igel/Messepark Zewen.

Um hinzukommen, folgt man den P&R – Hinweisschildern. Der Platz liegt am linken Moselufer an der

Konrad-Adenauer-Brücke/Pacelliufer. Adresse: In den Moselauen 2

Alle Parkhäuser in Trier finden Sie hier: http://www.parken-in-trier.de/

Parken für Camper

Parkplätze in der Innenstadt sind rar und meist besetzt, zudem ist parken nur für zwei Stunden erlaubt. Wir empfehlen deshalb den P&R Messepark in Trier-West anzufahren (siehe oben).

Will man übernachten:

Der Camping- und Reisemobilpark Treviris liegt in Trier am linken Moselufer, 800 Meter südlich der Römerbrücke. Adresse: Campingpark Treviris / Luxemburger Straße 81

Der Camping- und Reisemobilpark Treviris liegt in Trier am linken Moselufer, 800 Meter südlich der Römerbrücke. Tel.: 0651 86921 / Webseite: camping-treviris.de

> **Tipp:** *Beachten Sie auch die Google-Rezensionen.*

Campingpark Trevis

liegt an der Luxemburger Str. 81 54294 Trier / Telefon: 0651 86921 / Webseite: camping-treviris.de

Stellplatz Moselufer Bahnhof in Igel

Von dort können Sie mit der Bahn alle 60 Minuten nach Trier Hauptbahnhof fahren und ab Bahnhof unserem Rundgang folgen. Adresse: Parkplatz Moselufer Bahnhof, 54298 Igel.

http://www.camperado.de/wohnmobilstellplatz/p-moselufer-naehe-von-bahnhof-igel-3622#

Stellplätze am Weingut Georg Fritz von Nell

Falls Sie ein Rad oder ein anderes Fahrzeug bei sich haben, bietet sich auch dieser Platz für eine Übernachtung an. Er liegt zwei Kilometer von den Kaiserthermen entfernt in den Trierer Weinbergen.

Adresse: Im Tiergarten 12 - 54295 Trier / Tel.: 0651 - 3 23 97 / E-Mail: mail@vonnell.de / Internet: http://www.vonnell.de/uebernachtung/wohnmobilstellplatz

So kommen Sie hin: *Ab Verteilerkreis Kaiserthermen Richtung Olewig. Nach 500 Metern kommt links das Amphitheater. Hier auf der Olewiger Straße weiter, nach 400 Metern die erste Straße rechts. Von da an sind es noch 900 Meter.*

Stellplätze im Umkreis von 25 Kilometer finden Sie hier: http://www.camperado.de/stellplatz_suche/

Öffentliche Verkehrsmittel

Die Busse der Linien 1 bis 49 fahren montags bis freitags zwischen 6.30 und 18.45 Uhr. Die Linien 1 und 3 verkehren im Zehn-Minuten-Takt, die Linien 5, 6 und 8 im 20-Minuten-Takt, die Linien 2, 4, 7, 12 und 30 im Halbstundentakt und die Linie 17 im Stundentakt. Auf den Linien 10 und 15 werden die Fahrzeuge nach Bedarf flexibel eingesetzt. Die Liniennummern 50 bis 59 sind nur für den Schülerverkehr eingerichtet!

Achtung: Für Zeiten schwächerer Verkehrsnachfrage frühmorgens und abends sowie an Samstagen und Sonntagen gilt der Fahrplan des Sternbusverkehrs mit den Linie 81 bis 87. Alle Busse dieses Netzes treffen in regelmäßigen Abständen am zentralen Umsteigepunkt Hauptbahnhof ein. Die Sternbusse sind montags bis freitags bis 6.30 Uhr und ab 18.45 Uhr sowie an Samstagen, Sonn- und Feiertagen ganztägig unterwegs. Abends fahren sie in der Regel alle 30 Minuten bis zum letzten Sternbusanschluss um 24 Uhr. Von Freitag auf Samstag und Samstag auf Sonntag gibt es weitere Abfahrten jeweils um 1 Uhr und um 2 Uhr ab Hauptbahnhof.

Taxis

findet man an zentralen Stellen der Stadt, zum Beispiel am Hauptbahnhof. Will man ein Taxi rufen, wählt man die Nummer der Taxizentrale: 12012

Der Grundpreis der Tarifstufe I (ein ganz normales Taxi) beträgt 3,50 €. Der Kilometerpreis für die ersten drei Kilometer 2,50 €, ab 3,1 Kilometer 1,70 €. Großraumtaxen und Spezialfahrzeuge sind entsprechend teurer. Im Preis ist die Beförderung von Hunden, Kleintieren und Reisegepäck inbegriffen. Die Pflichtwartezeit beträgt 15 Minuten. Die Berechnung der Wartezeit erfolgt durch den Fahrpreisanzeiger. Besondere Leistungsansprüche seitens des Fahrgastes, längere Wartezeiten als die Pflichtwartezeit sowie größere Fahrten nach Außerhalb des

Pflichtfahrgebietes unterliegen der freien Vereinbarung. Beachten Sie auch, dass zum Fahrpreis Anfahrtskosten hinzukommen können.

Jugendherbergen

Die Jugendherberge Trier hat 228 Betten, darunter auch Ein- und Zweibettzimmer. Alle Zimmer sind mit Dusche/WC ausgestattet. Für Rollstuhlfahrer gibt es behindertengerechte Zimmer. Willkommen sind nicht nur Schulklassen, sondern auch Familien, Seminar- und Tagungsgruppen, Gesangs- und Musikgruppen, Ferien-, Rad- und Wandergruppen und Einzelreisende.

Adresse: Römerstadt-Jugendherberge / An der Jugendherberge 4 / 54292 Trier /
Tel: 0651/146620 / Fax: 0651/1466230

Preise und weitere Auskünfte finden Sie hier finden Sie auf der Webseite von >Die Jugendherberge<

Die Stadt für behinderte Menschen

In der Innenstadt von Trier sind keine Steigungen zu bewältigen. Die Altstadt ist teilweise gepflastert. Zwar sind es Verbundsteine, kein Kopfsteinpflaster, trotzdem sind die Wege vor allem für ungeübte Rollstuhlfahrer anstrengend. Die Porta Nigra können Rollstuhlfahrer leider nur von außen bewundern, da es keinen Aufzug gibt. Das Museum Simeonstift ist jedoch behindertengerecht ausgestattet. Abgesehen von der Krypta und dem Aufbau im Ostchor mit der Pilgertreppe zur Heiltumskapelle, in der manchmal der ‚Heilige Rock' ausgestellt wird, kann der Dom auch von Rollstuhlfahrern gut besichtigt werden. Auf dem Weg vom Dom zur Basilika (Liebfrauenstraße) bereiten der schmale Gehweg und der hohe Bordstein Probleme. Die Basilika und der Palastgarten sind über Rampen gut zu erreichen. Die Wege im Palastgarten Richtung Kaiserthermen sind aus planiertem Sand. Auf dem Parkplatz in der Weberbachstraße, den man vom Palastgarten Richtung Kaiserthermen überqueren muss, gibt es an der Parkplatzausfahrt Wasserabläufe, in denen man mit dem Rollstuhl leicht hängen bleiben kann.

Weil unser Rundgang ab Palastgarten sehr weitläufig wird, schlagen wir vor, mit dem Rollstuhl wieder umzukehren und in die Stadt zurückzufahren oder die Tour mit dem Hop-on-hop-off-Bus fortzusetzen. Siehe dazu Artikel ‚Sightseeing'.

Viele Informationen zum Thema finden Sie unter:

https://www.trier-info.de/barrierefrei

Öffentliche Behinderten-Toiletten, die auf unserem Rundgang liegen:

•Simeonstiftplatz, Nähe Stadtmuseum / Porta Nigra
•Kiosk am Palastgarten, Euro-Behinderten-WC-Schlüssel - von der Basilika aus Richtung Palastgarten - direkt am Treppenabsatz (per Rampe erreichbar)
•Busparkplatz am Weberbach, Euro-Behinderten-WC-Schlüssel - Vollautomatisch selbstreinigende Toilette (ebenerdiger Zugang). Die Toilette liegt auf dem von uns beschriebenen Weg vom Palastgarten zu den Kaiserthermen.
•Warenhaus Galeria Kaufhof, Fleischstraße, Euro-Behinderten-WC-Schlüssel - Benutzung während der Warenhaus-Öffnungszeiten (3. Etage, per Aufzug erreichbar)

•Warenhaus Karstadt, Euro-Behinderten-WC-Schlüssel, im Restaurant - benutzbar während der Warenhaus-Öffnungszeiten (per Aufzug erreichbar)

Führungen für seh-, geh- und hörbehinderte Menschen können Sie unter diesem Link buchen: http://www.trier-info.de/fuehrungen-fuer-menschen-mit-behinderung
Allerdings sind diese Führungen nicht gerade günstig und ist eine schriftliche Voranmeldung nötig!

Die Digitale Führung durch Trier ist eine schöne Alternative. Sie finden sie unter trier-info.de - Führungen.

Fahrdienste für behinderte Menschen

Wenn Sie einen speziellen **Fahrdienst** brauchen, nehmen Sie am besten schon von zu Hause aus Kontakt zum Fahrdienst von ClubAktiv auf: fahrdienst@clubaktiv.de Die Fahrdienst-Zentrale ist montags bis freitags zwischen 8 Uhr und 16 Uhr besetzt.

Mehr Infos zu den Angeboten des CLUB AKTIV unter https://www.clubaktiv.de

Adresse in Trier: Schützenstraße 20, 54295 Trier / Telefon:0651 978590

ADAC- Notrufnummer für behinderte Menschen

Auch für Gehörlose und Sprachbehinderte hat der ADAC einen speziellen Service eingerichtet: Unter der Faxnummer +49 8191 938 303, die auch per SMS vom Handy aus angewählt werden kann, ist rund um die Uhr schnelle Hilfe sichergestellt. Falls Sie kein modernes Handy haben, müssen Sie folgende Nummer wählen:

D1 (T-Mobile) + 49 99 08191 938 303
D2 (Vodafone) + 49 99 08191 938 303
O2 (Viag Interkom) + 49 329 08191 938 303
E-Plus + 49 1551 08191 938 303

Trier mit Hund

In sind Tiere von Kinderspielplätzen, Brunnen, Weihern oder Wasserbecken fernzuhalten (Betretungsverbot). Auf öffentlichen Straßen innerhalb bebauter Ortslagen und innerhalb von öffentlichen Anlagen dürfen Hunde nur angeleint geführt werden. Außerhalb bebauter Ortslagen sind Hunde umgehend und unaufgefordert anzuleinen, wenn andere Personen sichtbar werden.

Spezielle Freilaufflächen für Hunde gibt es in Trier nicht. Kot muss weggeräumt werden. In Museen, Kirchen und andere Besichtigungsstätten dürfen Hunde natürlich nicht.

Achtung: Hunde dürfen laut Landesjagdgesetz im Wald getötet werden, wenn sie Wild nachjagen und dieses gefährden. Diese Regelung gilt jedoch nicht für Hunde, die sich nur vorübergehend von ihrem Besitzer entfernt haben und sich durch andere Maßnahmen als der Tötung vom Wildern abhalten lassen.

Bitte lassen Sie bei Hitze keinen Hund im Auto, es sei denn im Parkhaus. Damit er ausreichend mit Wasser versorgt ist, gibt es in Tierhandlungen spezielle Näpfe, die auch während der Fahrt nicht überschwappen können.

Unterkünfte mit Hund finden Sie hier: https://tourismus.meinestadt.de/trier/urlaub-mit-hund oder hier https://www.bestfewo.de/ferienort/trier/detail/hund

Achtung: Wer Hunde ungesichert transportiert und angehalten wird, muss mit hohen Strafen rechnen!

Info: Eine Hundemesse gibt es in Trier auch! Einfach mal ins Internet schauen!

Und sonst noch

Fahrradfahren und Fahrradverleihsystem

Über ein Fahrradverleihsystem verfügt Trier noch nicht. Es ist aber geplant, am Hauptbahnhof eine Station für Leihräder zu installieren. Ab 2018 soll es so weit sein.

Da der Saar-Radweg nach Trier und der Moselradweg an Trier vorbeiführt, möchten wir Ihnen ein paar Infos an die Hand geben.

Falls Sie mit Gepäck reisen, ist es anzuraten, dies am Hauptbahnhof in Schließfächern aufzubewahren, denn dann können Sie sorglos in Kirchen oder Museen gehen. Da fast die gesamte Altstadt Fußgängerzone ist, schlagen wir für eine Besichtigung vor, das Rad an der Porta Nigra abzustellen und zu Fuß weiterzugehen. Wie Sie vom Bahnhof zur Porta Nigra kommen, ist eingangs angegeben. Nach Besichtigung der Kaiserthermen oder bereits im Palastgarten kehren Sie zum Rad zurück und fahren, falls Sie nicht ohnehin bereits bei der Anfahrt nach Trier dort vorbeikamen, noch zum „Alter Krahnen".

Tipp: *Elektrofahrräder können auch im City-Parkhaus abgestellt und gleichzeitig aufgeladen werden. Den Strom liefert die Photovoltaikanlage auf dem Dach des Gebäudes.*

Einreisebestimmungen und Zoll

Trier liegt grenznah zu Luxemburg, Frankreich und Belgien. Da alle Länder zum Schengener Abkommen gehören, gibt es bei Grenzübertritt keine Passkontrollen. Bitte beachten Sie dennoch die Einreisebestimmungen und Zollvorschriften. Gelegentliche mobile Kontrollen von Bundespolizei und Zoll achten auf die Einhaltung.

Tipp: *Tanken und Rauchwaren sind in Luxemburg sehr günstig! Von Igel oder Tawern ist es nur noch ein Katzensprung zu den Tankstellen über der Grenze, die sich dort wie Perlen an einer Kette aneinanderreihen.*

Über Einfuhrmengen können Sie sich im Internet schlau machen.

Trinkgeld ist in Deutschland eine freiwillige Zusatzleistung, es besteht also keine Verpflichtung. Wenn Sie zufrieden waren, ist ein Trinkgeld jedoch ein willkommenes Dankeschön, da die Gehälter im Gaststättengewerbe nicht üppig sind.

Im Restaurant können Sie sich in der Regel selbst einen Platz aussuchen, manchmal, vor allem in hochpreisigen Restaurants, bekommt man einen Tisch angeboten. Sind alle Tische besetzt, kann man jederzeit fragen, ob man sich dazusetzen darf. Bezahlt wird gewöhnlich am Tisch. Rauchen ist nach der aktuellen Gesetzeslage in Restaurants und Gaststätten der meisten Bundesländer nicht erlaubt, außer in extra gekennzeichneten Nebenräumen oder in sehr kleinen Gaststätten, in denen nur der Besitzer selbst bedient.

Regionales aus der Küche

An der Mosel isst man gerne deftig. Traditionelle Moselküche findet man vor allem in Weinstuben und Straußwirtschaften – so nennt man in der Pfalz die von Winzern saisonal geöffneten Gastbetriebe, in denen sie ihre eignen Weine und Erzeugnisse aus der Hausküche anbieten. Doch auch in den etwas gehobeneren Restaurants kommt immer wieder der heimische Wein in den Topf und wird zur Rieslingcremesuppe, zum Winzerbraten oder zum Weinpudding verarbeitet.

Hier einige Gerichte, die zu den regionalen Spezialitäten gehören:

Krumbeerschniedscher - sind Kartoffelreibekuchen

Nonnefürz - bekommt man in Trier nur in der Karnevalszeit. Es sind in Öl gebackene, mit Zucker bestreute Teigbatzen.

Riebelesupp – eine süße Suppe aus heißer Milch, in die Mehlteig geribbelt wird. Abgeschmeckt wird sie mit Vanille, Zucker und Zimt

Schales - überbackener Auflauf aus geriebenen Kartoffeln und durchwachsenem Speck

Schwenkbraten oder Spießbraten – auf einem Schwenkgrill über dem offenen Feuer gebratenes Fleisch

Tresterfleisch - in Wein und Trester eingelegtes Bratenfleisch, das mit Wirsing und gestampften Kartoffeln serviert wird

Teerdisch - eine Trierer Spezialität. Es ist ein Durcheinander von Kartoffeln, Sauerkraut und Speck. Falls Sie es in Trier probiert haben und selbst nachkochen wollen, hier drei Varianten:

Rezept für Teerdisch

Für 4 Personen benötigen Sie 500 g Sauerkraut, 250 ml Riesling, 250 g Schinkenwürfel, 750 g Kartoffeln, 400 ml Milch, 30 g Butter, Pfeffer, Salz, 1 Esslöffel Öl, 2 Zwiebeln halbiert in Scheiben geschnitten, 2 Spritzer Balsamico

Die Schinkenwürfel mit dem Sauerkraut in einem Topf mischen, den Wein zugießen, dann zugedeckt etwa 1 Stunde köcheln lassen.

Die Kartoffeln in Salzwasser garen, abgießen und stampfen. Die Milch mit der Butter aufkochen, über die Kartoffeln geben, mit Pfeffer und Salz würzen und rühren, bis ein fluffiges Püree entstanden ist.

Vom Sauerkraut die überschüssige Flüssigkeit abgießen und auffangen. Sauerkraut mit dem Püree mischen, noch einmal abschmecken, und wenn der Teerdisch zu fest erscheint, noch etwas von der aufgefangenen Flüssigkeit hineinrühren.

Die Zwiebeln im heißen Öl goldbraun braten, pfeffern, salzen, ein paar Tropfen Balsamico - Essig unterheben, die Zwiebelmasse über dem Teerdisch verteilen und servieren.

Dazu passen Leberknödel, Blut- und Leberwurst, Bratwurst, Mettwurst, Kasseler mehr.

Rezept für Gräwes

Bei dieser Variante wird ein Eisbein in Brühe halb gar gekocht. Danach Sauerkraut darauf legen, mit etwas Weißwein ablöschen, salzen, pfeffern, Zwiebel und Lorbeerblatt hinzufügen. Etwa 1 Stunde kochen lassen.

Inzwischen aus den gekochten Kartoffeln das Kartoffelpüree zubereiten.

Das fertige Sauerkraut aus dem Topf nehmen, mit dem Püree mischen und in eine Schüssel geben. Das

in Portionen geschnittene Eisbein obenauf legen.
Speck und Zwiebel würfeln, zusammen im Topf aus-
lassen und über das Gericht geben.

Buhnenteerdisch

Hier werden statt des Sauerkrauts weiße Bohnen
oder Stangenbohnen unter das Püree gemischt.

Getränke

Hier sind die regionalen Weine zu nennen. Bestellt
man trockenen Weißwein, bekommt man meist
leicht sauren Wein. Aber auch Apfelsaft oder Viez -
ein herber Apfelwein - und klare Obstschnäpse kommen aus der Region. Viez reicht man gerne mit wür-
zigem Käse.

Währung / Banken / Geld wechseln

Die deutsche Währung ist der Euro. Geld wechselt
man in Banken und Sparkassen. In Großstädten gibt
es auch Wechselstuben. Das Bezahlen mit Kreditkar-
ten ist verbreitet - besonders Mastercard und VISA.
Tankstellen akzeptieren in der Regel auch Kreditkar-
ten, Supermärkte nur die Maestro-Karte. Aber auch
große Beträge können Sie problemlos bar bezahlen.

Einkaufen und Souvenirs

Typische Souvenirs, die man aus Trier mitbringen kann, sind Weine und Schnäpse aus der Region. Bei vielen Winzern kann man an Weinproben teilnehmen – in Trier selbst bietet sich das Bischöfliche Weingut an. Dort kann man eine Führung mit Weinverköstigung buchen. Dabei bekommt man auch Zutritt zu den weitläufigen Weinkellern, die sich unter der Trierer Innenstadt befinden, und erhält eine ausführliche Info zur Herstellung von Wein.

Vorher anrufen empfiehlt sich! Telefon: 0651-145760 / Adresse: Gervasiusstraße 1
Infos hier: http://www.bischoeflicheweingueter.de/kontakt/weinproben.html

Oder man macht eine Spritztour zum Weingut Georg Fritz von Nell, das am Stadtrand von Trier liegt. Adresse: Im Tiergarten 12 - 54295 Trier / Tel: 0651 - 3 23 97

Die Touristeninfo verkauft Tassen mit dem Konterfei von Karl Marx oder Trierer Porz (Viez-Krüge) mit der Aufschrift: NIMMST Du noch oder HOLST Du schon?!

Für die Kleinen erhält man in der Touristeninfo einen witzigen Comic, in dem das Geheimnis um den Besuch des legendären Kaisers Nero bei den Treverern gelüftet wird, und Bücher und Bastelbögen, die Trier in der Römerzeit zum Thema haben.

Ebenfalls in der Touristeninfo sowie in den verschiedenen Museumsshops kann man Nachbildungen antiker Fundstücke wie Schmuck und Münzen oder hübsche kleine Skulpturen kaufen.

Im Trierer Domshop findet man Literatur, Musik, Devotionalien und vieles mehr.

Im Gädemcher – so nennen die Trierer die kleinen Lädchen an der Rückseite von St. Gangolf, in denen bereits im Mittalalter Andenken und Süßigkeiten verkauft wurden – gibt es Postkarten, Puppen, Figürchen, Weingläser, Krüge, bemalte Teller, Uhren und religiöse Souvenirs.

Öffnungszeiten

In Deutschland liegt die Regelung der Ladenschlusszeiten bei den einzelnen Bundesländern. Es kann also sein, dass die Läden in einem Ort geschlossen sind, während sie im nächsten Ort geöffnet haben.

Nur an Sonn- und Feiertagen bleiben Geschäfte bundesweit geschlossen. Ausnahmen sind an bis zu vier sogenannten ‚verkaufsoffenen Sonntagen' möglich.

In Rheinland-Pfalz bleiben die Läden von 22 bis 6 Uhr morgens geschlossen. Ausgenommen sind Bäckereien und Blumenläden mit Sondergenehmigung, Tankstellen, Kioske und Verkaufsstellen in Touristengebieten, an Bahn- und Busbahnhöfen, Häfen, Flughäfen, Autobahnraststätten und Apotheken, die Nacht- bzw. Wochenenddienst haben. Um in letzteren bedient zu werden, muss man klingeln! Die Adresse der aktuellen Notdienstapotheke entnehmen Sie einer Anschlagtafel an der nächstgelegenen Apotheke.

Telefon / Internet und WLAN / Post

Telefonvorwahl Trier 0651
Festnetz 0049 International Deutschland / Mobil +49
Festnetz 0043 International Österreich / Mobil +43
Festnetz 0041 International Schweiz / Mobil +41

Da in Deutschland praktisch jeder über ein Mobiltelefon verfügt, gibt es kaum noch Telefonzellen. Findet man keine, kann man in Postämtern telefonieren.

Das Mobiltelefon heißt in Deutschland Handy. Die Netzabdeckung des deutschen Mobilfunknetzes ist meistens sehr gut. Durch den „Eurotarif" für das Roaming sind die Kosten für Mobilfunktelefonate innerhalb der EU inzwischen begrenzt, horrende Rechnungen gehören der Vergangenheit an.

> **Gut zu wissen:** *Offizielle Notrufnummern können auch mit einem ausländischen Handy abgesetzt werden, ohne eine Vorwahl zu wählen!*

Freies WLAN war in Deutschland nur selten zu finden und nur zu nutzen, wenn man auf einer vorgeschalteten Seite zusicherte, keine Rechtsverstöße zu begehen. Da die umstrittene Störerhaftung beim WLAN 2016 abgeschafft wurde, werden künftig wohl auch deutlich mehr öffentliche WLANs zu finden sein.

Trier-Besucher können derzeit an acht öffentlichen Hotspots 30 Minuten pro Tag kostenlos im Internet surfen. Die WLAN-Hotspots von Kabel Deutschland erkennt man an der Bezeichnung „KD WLAN Hotspot" oder „30 Min Free WIFI". Der Nutzer ruft das Netz auf und kann nach Annahme der Nutzungsbedingungen direkt lossurfen. Zwei dieser Hotspots liegen auf unserem Rundgang. Der erste zwischen Dom und Basilika in der Liebfrauenstraße, der zweite Am Ende des Rundgangs beim Frankenturm.

Post – Marken für Ansichtskarten, die innerhalb Deutschlands versendet werden, sind etwas günstiger, als Marken für Briefe innerhalb Deutschlands. Das Porto für Ansichtskarten ins Ausland ist jedoch genauso hoch wie das für Briefe ins Ausland. Man erhält Marken bei Postämtern und in der Regel auch dort, wo man seine Ansichtskarten kauft.

Die Briefkästen der deutschen Post sind gelb! Inzwischen gibt es auch andere Postdienste. Werfen Sie also Briefe, die mit Marken der Deutschen Post frankiert sind, ausschließlich in die gelben Kästen, denn sonst kommen sie nicht an.

Klima

Trier befindet sich in einer gemäßigten Klimazone. Im Juli und August steigen die Temperaturen selten über 25 Grad, im Winter sinken sie kaum unter die Nullgrad-Grenze. Die Niederschläge, die sich im mittleren deutschen Wert bewegen, sind gleichmäßig übers Jahr verteilt.

Was tun wenn ... Telefonnummern und Adressen für Notfälle

Notruf – Krankheit und Unfall

Euronotruf 112 / Polizei 110

Bei Krankheit - erreichen Sie unter der bundesweit einheitlichen Rufnummer 116 117 den ärztlichen Bereitschaftsdienst niedergelassener Ärzte, die Patienten in dringenden medizinischen Fällen ambulant behandeln - auch nachts, an Wochenenden und an Feiertagen. Der Bereitschaftsdienst ist nicht zu verwechseln mit dem Rettungsdienst, der in lebensbedrohlichen Fällen Hilfe leistet. Bei Notfällen, wie Herzinfarkt, Schlaganfall und schweren Unfällen alarmieren Sie den Rettungsdienst unter der Notrufnummer 112. In Krankenhäusern werden ausschließlich Notfälle behandelt!

> **Tipp:** *Alle oben genannten Notrufnummern funktionieren ohne Vorwahl und sind kostenlos - egal ob Sie von zu Hause oder mit einem deutschen oder ausländischen Mobiltelefon anrufen.*

Bei **Zahnschmerzen** wenden Sie sich am besten an die Kassenzahnärztliche Vereinigung Rheinland-Pfalz 01805 / 06 51 00. Ein Anrufbeantworter gibt Auskunft über diensthabende Zahnärzte.

Konsulate

Österreich - In Notfällen kontaktieren Sie bitte den Bereitschaftsdienst der Österreichischen Botschaft in Berlin unter der Telefonnummer +49 30 202 87-0 oder das Österreichische Außenministerium unter der Telefonnummer +43 50 11 50 4411

Schweiz – Das Schweizerisches Generalkonsulat in Frankfurt a.M. hat die Tel. Nr. +49 69 170 02 80

Pannen- und Notfallhilfe der Automobilclubs

ADAC - bei Fahrzeugschaden
telefon-icon.gif +49 89 22 22 22
bei Erkrankung und Verletzung
telefon-icon.gif +49 89 76 76 76

In vielen Urlaubsländern betreibt der ADAC eigene Notrufstationen mit deutschsprechenden Mitarbeitern. An diese werden Sie automatisch von der Zentrale in München weiterverbunden.

Auch für Gehörlose und Sprachbehinderte hat der ADAC einen speziellen Service eingerichtet: Unter der Faxnummer +49 8191 938 303, die auch per SMS vom Handy aus angewählt werden kann, ist rund um die Uhr schnelle Hilfe sichergestellt. Falls Sie kein modernes Handy haben, müssen Sie folgende Nummer wählen:

D1 (T-Mobile) + 49 99 08191 938 303
D2 (Vodafone) + 49 99 08191 938 303
O2 (Viag Interkom) + 49 329 08191 938 303
E-Plus + 49 1551 08191 938 303

ÖAMTC - Tel: +43 12512000 – Notruf und Rechtsberatung.

TCS - Dringende Assistance-Anfragen rund um die Uhr: Einsatzzentrale ETI / Chemin de Blandonnet 4 / CP 820 1214 Vernier / Tel +41 58 827 22 20 / Fax +41 58 827 50 12 / email: eti@tcs.ch Bei einem medizinischen Notfall im Ausland unverzüglich die ETI Einsatzzentrale benachrichtigen!

Falls Ihre Geldkarte verloren ging

Es gibt einen allgemeinen Sperr-Notruf, die aus dem In- und Ausland unter der Nummer (0049) 116 116 erreichbar ist. In Fällen, in denen der ausländische Telefonanbieter diese Nummer nicht verarbeiten kann, steht alternativ die (0049) 3040504050 zur Verfügung. Sprach- oder Hörgeschädigte können unter der gleichen Nummer auch eine Sperrung per Fax veranlassen.

Speziell für Euro/Mastercard: sperren unter Tel. 0049-69-79331910 oder im Notfall als R-Gespräch 001-314-275-6690
Speziell für Visa: sperren unter Tel. 800-819-014 oder im Notfall als R-Gespräch 001-303-967-1096

Schweizer wenden sich bei Verlust ihrer Master Card an die: 0800 897 092, bei Diebstahl von Karten, Dokumenten oder Handys (SIM-Karte) oder bei Zwischenfällen rund um Autoschlüssel und -radios an die Telefonnummer +41 58 827 22 20 (rund um die Uhr)

Österreicher wenden sich bei Verlust der Kreditkarte an folgende Telefonnummern:
0043 1204 8800 Sperr-Notruf für EC-/Kreditkarten
Visa: +43 1171111-770
Pay Life: +43 1717014500

Sämtliche Angaben erfolgen unverbindlich und ohne Gewähr. wir beziehen uns mit unseren Aussagen auf persönliche Erfahrungen, Recherchen im Internet, Webseiten der Stadt sowie auf Hinweise der Touristik-Information.

Wenn Ihnen unser Reiseführer gefällt, freuen wir uns über eine positive Bewertung bei Ihrem Internethändler. Sollte das Gegenteil der Fall sein, setzen Sie sich gerne direkt mit uns in Verbindung, wir stehen für konstruktive Anmerkungen offen. Da sich Telefonnummern, Internetseiten und örtliche Gegebenheiten von einem Tag auf den anderen ändern können, nehmen wir Korrekturvorschläge gerne an.

Verlagsprogramm by arp

Reiseführer aus unserem Verlag

Cres und Lošinj
ISBN Buch: 978-3-946280-54-5
ISBN E-Book: 978-3-946280-53-8
ASIN: B07B8NRDL2

Kreuzfahrt Madeira & Kanaren
ISBN Buch: 978-3-946280-26-2
ISBN E-Book: 978-3-946280-34-7
ASIN: B01F3STFFE

Krk -
ISBN Buch: 978-3-946280-17-0
ISBN E-Book: 978-3-946280-12-5
ASIN: B017WDI53G

Sevilla -
ISBN Buch: 978-3-946280-22-4
ISBN E-Book: 978-3-946280-09-5
ASIN: B015WKTK8K

Amsterdam –
ISBN Buch: 978-3-946280-21-7
ISBN E-Book: 978-3-946280-04-0
ASIN: B015WKTX8W

Salzburg -
ISBN Buch: 978-3-946280-24-8
ISBN E-Book: 9783946280019
ASIN: B0158B5ZC

Kopenhagen -
ISBN Buch: 978-3-946280-25-5
ISBN E-Book: 978-3-946280-03-3
ASIN: B015D045U2

Avignon -
ISBN Buch: 978-3-946280-49-1
ISBN E-Book: 978-3-946280-48-4
ASIN: B074C61QS5

München –
ISBN Buch: 978-3-946280-28-6
ISBN E-Book: 978-3-946280-29-3
ASIN: B01NH9HJPM

Prag -
ISBN Buch: 978-3-946280-20-0
ISBN E-Book: 978-3-946280-08-8
ASIN: B015WKTUNU

Venedig -
ISBN Buch: 978-3-946280-19-4
ISBN E-Book: 978-3-946280-10-1
ASIN: B015WKU1I8

Nürnberg -
ISBN Buch: 978-3-946280-18-7
ISBN E-Book: 978-3-946280-00-2
ASIN: B015WKTUNU

Danzig -
Buch - ISBN: 978-3-946280-23-1
ISBN E-Book: 978-3-946280-06-4
ASIN: B015WKTRA6

Trier –
ISBN Buch: 978-3-946280-36-1
ISBN E-Book: 978-3-946280-35-4
ASIN: B01IDCGDES

Radreisen – Alles, was Sie wissen müssen
Angeline Bauer und René Prümmel
ISBN Buch: 978-3-946280-62-0
ISBN E-Book: 978-3-946280-61-3 / ASIN:
B0848HM8WC

Weser – Elbe – Weser-Harz-Heide -
Drei Radfernwege zu einer Radreise zusammengefasst
ISBN Buch: 978-3-946280-67-5
ISBN E-Book: 978-3-946280-66-8 / ASIN : B08RYYVDRN

Der Innradweg auf zwei Rädern und vier Pfoten –
ein heiterer Erlebnisbericht mit vielen praktischen
Reisetipps für Mensch und Hund
ISBN Buch: 978-3-946280-58-3
ISBN E-Book: 978-3-946280-44-6 / ASIN: B01MS9LNHO

Ratgeber

Von Trennung, Tod und Trauer – Angeline Bauer
ISBN Buch: 978-3-946280-32-3
ISBN E-Book: 978-3-946280-02-6 / ASIN: B015D045U2

Angst überwinden und stark sein – Angeline Bauer
ISBN Buch: 978-3-946280-31-6
ISBN E-Book: 978-3-946280-05-7 / ASIN:
B015WKTRYW

So finde ich mein Glück – Angeline Bauer
ISBN Buch: 978-3-946280-30-9
ISBN E-Book: 978-3-946280-07-1 / ASIN:
B015WKTWRY

Die Holunderküche -
ISBN Buch: 978-3-946280-40-8
ISBN E-Book: 978-3-946280-11-8 / ASIN: B017WCDE1

Können Igel fliegen?
Alles, was Kinder über Igel wissen wollen
ISBN E-Book 978-3-946280-68-2
ISBN Buch 978-3-946280-69-9 / ASIN:B094NGBW6J

'Lesefutter' aus unserem Verlag

Perle aus der Hundefabrik – Angeline Bauer
Acht berührende Hundegeschichten
ISBN E-Book: 978-3-946280-74-3
ISBN Buch: 978-3-946280-75-0 / ASIN: B0BKH23GK9

Verhängnisvolle Liebe einer Hofnärrin – Angeline Bauer
Historischer Roman
ISBN Buch: 978-3-946280-70-5
ISBN E-Book 978-3-946280-71-2 / ASIN: B09NW7T162

Mord mit Herz - Ronda Hendrikus
Acht Ladykrimis für zwischendurch

ISBN E-Book: 978-3-946280-13-2 / ASIN: B0182GC8JY

Verlorene Töchter - Ronda Hendrikus
Sieben Ladykrimis für zwischendurch
ISBN E-Book: 9783946280415 / ASIN: B01MSY9JRO

Cognac mit Schuss - Ronda Hendrikus
Acht Ladykrimis für zwischendurch
ISBN E-Book: 978-3-946280-15-6 / ASIN: B018K9SH16

Geliebter Mörder - Ronda Hendrikus
Sieben Ladykrimis für zwischendurch
ISBN E-Book: 978-3-946280-14-9 / ASIN: B018K9SV76

Seine letzte Bahnfahrt - Ronda Hendrikus
Neun Ladykrimis für zwischendurch
ISBN E-Book 978-3-946280-63-7 / ASIN: B088HGHVB6

Oje, du fröhliche ... - Friederike Costa
Vierzehn Weihnachtsgeschichten
ISBN E-Book: 978-3-946280-16-3 / ASIN: B018UJZF8E

Oma, hast du Strapse? - Friederike Costa
18 Kurzgeschichten für Frauen im besten Alter
ISBN E-Book: 978-3-946280-37-8 / ASIN: B01LF7QIWK

Liebe süß und scharf – Friederike Costa
13 Kurzgeschichten mit Rezepten
ISBN E-Book: 9783946280422 / ASIN: B01N7K6FQN

Im Feuer der Liebe – Lina-Sophia Clement
Historischer Liebesroman
ISBN E-Book: 978-3-946280-52-1 / ASIN: B075CMT4X8

Die Liebe einer Königin – Lina-Sophia Clement
Acht historische Kurzromane
ISBN E-Book: 978-3-946280-55-2 / ASIN: B07CK7MSVT

Schokolade für die Liebe – Lina-Sophia Clement
Sieben historische Kurzromane
ISBN E-Book: 978-3-946280-56-9 / ASIN: B07F6XZ7KF

Tausend Sterne über der Wüste – Lina-Sophia Clement
Acht historische Kurzromane
ISBN E-Book: 978-3-946280-57-6 / ASIN: B07K6JDNNL

Die Tanztruppe vom dritten Stern rechts – Angeline Bauer
Jugendbuch – Ballett
ISBN Buch: 978-3-946280-73-6
ISBN E-Book: 978-3-946280-72-9 / ASIN: B0B8VSRR31

Literaturpreis Grassauer Deichelbohrer
33 Kurzgeschichten zum Thema NÄHE
Buch   - ISBN 978-3-946280-60-6
E-Book - ISBN 978-3-946280-59-0 / ASIN: B07YVD2K2P

Literaturpreis Grassauer Deichelbohrer
30 Kurzgeschichten zum Thema GEHEIMNIS

ISBN Buch: 978-3-946280-65-1
ISBN E-Book: 978-3-946280-64-4 / ASIN : B08JZC34M1

Und mehr - unter www.by-arp.de